Maria Th. Radinger | Anita Arneitz

Der Alpen-Adria-KNIGGE

Maria Th. Radinger | Anita Arneitz

Der Alpen-Adria-
KNIGGE

Österreich, Slowenien, Südtirol:
So zeigen Sie guten Stil auf Reisen und im Geschäftsleben

IMPRESSUM:

Maria Th. Radinger; Anita Arneitz:
Der Alpen-Adria-KNIGGE. Österreich, Slowenien, Südtirol:
So zeigen Sie guten Stil auf Reisen und im Geschäftsleben

Lektorat: Anita Arneitz; Maria Th. Radinger
Umschlaggestaltung und Umbruch: ilab crossmedia og

© 2019, Hermagoras Verlag/Mohorjeva založba,
Klagenfurt/Celovec – Ljubljana/Laibach – Wien/Dunaj

ISBN 978-3-7086-1057-3

Gesamtherstellung: Hermagoras Verein/Mohorejva družba,
Klagenfurt/Celovec

Inhalt

Vorwort der Autorinnen 8

Vorwort von KR Benjamin Wakounig 12

3 Länder in den Alpen,
3 Kulturen, 3 Sprachen 17

Alpen-Adria-Knigge 35

Interkulturelle Kommunikation 43

Alpen-Adria-Kulinarik 69

Moderne Umgangsformen 99

Business 129

Alltag und Freizeit 145

Literatur 169

Dankesworte 173

Buchtipps in eigener Sache 175

Mit freundlicher Unterstützung

Vorwörter

Kleine und große Unterschiede

Österreich, Slowenien, Südtirol. Wir leben in der Alpen-Adria-Region, dem Schnittpunkt dreier Kulturen, in der sich slawische, romanische und österreichisch-germanische Völker in allen Bereichen des Lebens täglich aufs Neue begegnen. Auf den ersten Blick scheinen wir gleich zu sein. Aber wer sich näher mit der Geschichte, der Kultur, der Mentalität und den Menschen der einzelnen Länder beschäftigt, wird schnell erkennen, dass es trotz geografischer Nähe kleine und große Unterschiede gibt – und diese zu kennen ist eine große Bereicherung. Denn diese Feinheiten in der Lebensart können in manchen Situationen ganz unbedeutend sein und im nächsten Moment Geschäfte oder Freundschaften gefährden. Es zahlt sich daher in jedem Fall aus, sich ein bisschen näher mit der Bedeutung von Umgangsformen bei uns und unseren Nachbarn in Slowenien und Südtirol zu beschäftigen.

In unserer zweiten, stark veränderten und erweiterten Ausgabe vom „Der Alpen-Adria-Knigge" richten wir den Fokus auf die Regionen Kärnten, Slowenien und Südtirol. Ob Geschäftsleben, Urlaub, Alltag oder Reise, wir haben dieses Buch für die Menschen geschrieben, die sich in diesem Dreiländereck in den Alpen bewegen und für ein gemeinsames Miteinander stehen. Das ist aber nur möglich, wenn wir die Menschen, Lebensweisen, Kultur, Mentalität und vor allem die gemeinsame Geschichte verstehen. Durch die Europäische Union sind die Grenzbalken längst gefallen. Nun sind es nur mehr unsichtbare Barrieren, die ein großes Denken für die Alpen-Adria-Region manchmal behindern.

Wir beide beschäftigen uns im Berufsalltag intensiv mit dem Alpen-Adria-Raum und arbeiten grenzüberschreitend: Maria Th. Radinger als Unternehmensberaterin und Wirtschaftstrainerin und Anita Arneitz als Reisejournalistin. Den Wunsch, einen weiteren „Alpen-Adria-Knigge" zu schreiben, gab es schon seit geraumer Zeit. Bei einer Wirtschaftsmission der Wirtschaftskammer Kärnten und dem Slowenischen Wirtschaftsverband/Slovenska gospodarska zveza nach Sarajevo wurde aus diesem Wunsch gemeinsam mit dem Hermagoras-Verlag Klagenfurt/Celovec ein konkretes Projekt.

Warum ein Knigge für den Alpen-Adria-Raum? Korrekte Umgangsformen waren immer schon ein bedeutender Faktor in der Gesellschaft und ein ganz zentraler Teil unserer Kommunikation. Haben Sie den Eindruck, dass der Begriff „Knigge" ein wenig verstaubt klingt? Wir werden später unseren Zugang aufzeigen und ein wenig mit dem altbackenen Image des Begriffes aufräumen.

Auch die Bezeichnung Alpen-Adria gibt es bereits länger. Ursprünglich wurde dieser prominent durch die 1978 gegründete Arbeitsgemeinschaft Alpen-Adria. Die internationale Organisation wurde für die kulturelle, politische und wirtschaftliche Zusammenarbeit der Anrainerstaaten von Alpen und Adria ins Leben gerufen und umfasste mehr als zehn verschiedene Regionen. Inzwischen wurde die ARGE von der

Alpen-Adria-Allianz abgelöst. Aber unabhängig von der institutionellen Form, die Bezeichnung Alpen-Adria-Raum ist längst ein Teil des allgemeinen Sprachgebrauches. Wir schätzen es sehr in diesem Teil Europas leben zu können und auf relativ kleinem Raum großer kultureller Vielfalt zu begegnen. Die Liebe für diese Region möchten wir in diesem Buch mit Ihnen teilen.

Und das macht dieses Buch besonders. Es bietet keine trockene Theorie, sondern ist voll gespickt mit Erfahrungen von Menschen aus dem Alpen-Adria-Raum. Diesen Menschen gebührt an dieser Stelle ein herzliches Dankeschön für die bereichernden Dialoge und Einblicke in den Alltag. Betrachten Sie dieses Buch als Ihren praktischen Begleiter für unterwegs. Ein flexibles Nachschlagewerk mit gutem Basiswissen über die verschiedenen Kulturen und Verhaltensweisen in Österreich, Slowenien und Südtirol. Geordnet nach bestimmten Themen wie Begrüßung, Small Talk oder Kleidung geben wir allgemeine Etikette-Tipps, die nicht nur für den österreichischen Raum gelten, sondern generell für den deutschsprachigen Raum. Gibt es wesentliche Unterschiede zwischen den Ländern, erklären wir diese extra. Ist das nicht der Fall, können Sie ohne Bedenken die allgemeinen Empfehlungen anwenden. Bei unserem Alpen-Adria-Knigge haben wir aus Gründen der Lesbarkeit eine geschlechtsneutrale Formulierung gewählt.

So gerne wir es wollen würden, können wir keinen Anspruch auf Vollständigkeit erheben. Viele Themen wie der geschichtliche Hintergrund konnten wir aufgrund von Platzmangel und zugunsten von Praxisbeispielen nur exemplarisch anschneiden. Wir freuen uns aber auf Ihre Anregungen und Ergänzungen, die wir gerne in unseren nächsten Band aufnehmen.

Wir wissen, nicht jeder wird sich in manchen allgemeinen Aussagen wieder finden. Schließlich ist jeder anders und das ist gut so. Wir sprechen bewusst Stereotype und Vorurteile an, um zu sensibilisieren und zum Nachdenken anzuregen. Nehmen Sie es gelassen. Stellen Sie wie wir Natürlichkeit und Freude in den Mittelpunkt Ihres Tuns. Sorgen wir gemeinsam für mehr Respekt, Verständnis, Aufmerksamkeit und Wertschätzung im nachbarschaftlichen und wirtschaftlichen Miteinander.

Wir wünschen Ihnen viel Freude und Erfolg mit unserem Alpen-Adria-Knigge.

Ihre Autorinnen

Maria Th. Radinger & *Anita Arneitz*

Sammelsurium an Verschiedenheiten

Die Alpen-Adria-Region ist bunt und vielfältig. Für Menschen ist es wichtig, einander zu kennen und zu vertrauen. Nur so funktioniert das private, aber auch das kulturelle und geschäftliche Zusammenleben gut. Dieses Buch fördert eben dieses Kennenlernen und ist daher für die Alpen-Adria-Region, die in der Vergangenheit viele Prüfungen erlebte, von immenser Bedeutung.

Mit großer Freude folge ich der Einladung der Autorinnen, Ihnen einige Gedanken mit auf die Lesereise zu geben.

Ein Schnittpunkt dreier großer Kulturen, wie wir sie hier in unserer Alpen-Adria-Region genießen dürfen, hat unbestritten spezielle Herausforderungen. Verschiedene Sprachen, verschiedene Mentalitäten, verschiedene Gewohnheiten und Bräuche, verschiedene geografische Gegebenheiten lassen sich auf den ersten Blick diagnostizieren. Bei richtiger Betrachtung jedoch lassen sich eben diese Herausforderungen als große Vorteile erfahren. Sowohl in meiner beruflichen Laufbahn als Unternehmer als auch als Präsident des Slowenischen Wirtschaftsverbandes in Kärnten/Slovenska gospodarska zveza v Celovcu konnte ich dies auch persönlich erfahren.

So wie man ein Glas als halb leer oder halb voll sehen kann, so kann man auch in der Alpen-Adria-Region –

anstelle Schwierigkeiten zu sehen – neugierig auf das Sammelsurium dieser Verschiedenheiten zugehen, die Eigenheiten des Nachbarn kennenlernen, ihn verstehen lernen und auch selbst daran wachsen und Vorteile daraus ziehen.

Der Slowenische Wirtschaftsverband in Kärnten ist der wirtschaftliche Dachverband der slowenischen Volksgruppe in Kärnten. Er wurde 1988 von Wirtschaftstreibenden der slowenischen Volksgruppe in Südkärnten als überparteilicher Verband gegründet. Er fördert die Zusammenarbeit von slowenischen Wirtschaftstreibenden und Wirtschaftsexperten, unterstützt die Südkärntner Wirtschaft in verschiedensten Belangen, bietet Beratung bei EU-Förderprojekten, berät seine Mitglieder in wirtschaftlichen und steuerlichen Belangen und macht Consulting für grenzüberschreitende wirtschaftliche Tätigkeiten zwischen Österreich und Slowenien. All das mit der Absicht, einen starken, gemeinsamen Alpen-Adria-Wirtschaftsraum zu schaffen.

Die Alpen-Adria-Region ist ein wunderbarer Platz, um den wir von vielen beneidet werden und in dem sich alle Bewohner wohl fühlen sollen. Immer mehr Menschen legen Wert auf eine entsprechende Work-Life-Balance, die man hier durchaus finden kann. Allerdings ist das nicht selbstverständlich, man muss ein gutes Umfeld dafür schaffen. Dieses Umfeld schafft man mit Wertschätzung gegenüber anderen, gegenüber der Sprache, den Besonderheiten und Nöten des Gegenübers, des nahen und des entfernteren Nachbarn. Eine Wertschätzung ohne Hintergedanken, ein Annehmen des Eigenen und das Erkennen des Gemeinsamen im Verschiedenen. Es ist in Kärnten noch ein gewisser Reifeprozess nötig, um die Gesamtheit dieser Alpen-Adria-Region tatsächlich verstehen und sie in der Folge auch noch besser vermarkten zu können.

Mittlerweile hat der Slowenische Wirtschaftsverband in Kärnten an die 400 Mitglieder aus der Region Alpen-Adria und darüber hinaus, die verschiedenen Branchen angehören. Als international tätiger Unternehmer mache ich täglich die Erfahrung, dass es mit guten Sprachkenntnissen und einer offenen Haltung viel einfacher ist, sich am Geschäftsparkett zu beweisen. Dazu sind jedoch Vorarbeiten zu leisten, mit denen man nicht früh genug beginnen kann. Dazu gehören eine angemessene Bildung, Möglichkeiten und insbesondere der Wille zum Spracherwerb, die Fähigkeit, zu urteilen ohne zu verurteilen, schon gar nicht vorzuverurteilen, mit offenen Augen und Ohren durch die Welt zu schreiten und sich Neues anzueignen. Diese Sichtweise teilen, wie ich meine, auch die beiden Autorinnen, deren Ziel es ist, der jungen Generation in dieser Region mit guten Manieren, Achtung und Wertschätzung des Anderen eine positive Zukunft zu weisen.

Jeder Mensch ist zunächst seine eigene Visitenkarte, dann jene seiner Familie und schließlich auch die Visitenkarte seines Volkes. Sie, liebe Leser, mögen sich durch die Lektüre dieses Buches einen Teil der Lebensweise und Kenntnisse über die Kulturen der Alpen-

Adria-Region aneignen. Sie erhalten damit ein gutes Werkzeug für ein besseres und erfolgreicheres Auftreten in der internationalen Welt.

Mit vorbildhaftem Auftreten, Fairness und Korrektheit kann man langfristige Erfolge erzielen und sich Ansehen erwerben. Und am Ende wohl auch die Erkenntnis: Liegen wir uns nicht alle viel näher als gedacht?

In diesem Sinne wünsche ich dem Buch viele Leser und Ihnen allen viel Erfolg bei Ihren Unternehmungen in unserem gemeinsamen Alpen-Adria-Raum!

KR Benjamin Wakounig,
Präsident des Slowenischen Wirtschaftsverbandes
in Kärnten/Predsednik Slovenske gospodarske zveze
v Celovcu

3 Länder
in den Alpen,
3 Kulturen,
3 Sprachen

Sie sehen es zwar nicht sofort, aber Sie spüren die wunderbare Mischung aus mehreren Kulturen, wenn Sie von Klagenfurt über den Loiblpass nach Ljubljana fahren, von Villach nach Tarvisio kommen oder durch das Drautal und Osttirol in Toblach ankommen. Und wenn Sie beginnen, sich näher mit Geschichte, Kultur, Mentalität und den Menschen der einzelnen Länder zu beschäftigen, werden Sie schnell erkennen, dass es eine große Bereicherung ist, diese kleinen und großen Unterschiede zu kennen. Inzwischen gibt es auch viele Initiativen, die sich dem gegenseitigen Austausch verschworen haben. Die ORF-Sendung „Servus – Srečno – Ciao" bringt seit Jahren den Alpen-Adria-Raum in die Wohnzimmer der Kärntner.

Im Jahr 2000 startete in Radio Kärnten „Servus, Srečno, Ciao" als Volksgruppen-, Nachbarn- und Europaverbindendes Programm. Landesintendant Gerhard Draxler erweiterte das Vorhaben und setzte „Servus, Srečno, Ciao" 2002 ins Bild. Im Laufe der Jahre wurden auch zahlreiche EU-kofinanzierte Projekte realisiert, wie die Sendungsformate „Treffpunkt Europa", „Europe for Carinthians - Europa für Kärntner (EU4U)", „Generation Europe" und „Servus, Srečno, Ciao goes Europe". Teilweise wurden die dafür produzierten Beiträge auch im Slowenischen (RTV Slovenija) und Italienischen Fernsehen (RTV Koper/Capodistria) übernommen.

Die Projekte von „Senza confini – brez meja – Grenzenlos/Euregio" haben das Ziel eine gemeinsame Zukunft möglich zu machen und die Denkweise von „Einheimischen und Fremden" aufzulösen. Der Verein „Club tre popoli" wurde in Kärnten vor 30 Jahren gegründet, um als zivilgesellschaftliche Organisation Respekt, Verständnis und Kooperationen zwischen den Menschen der Regionen am Schnittpunkt des slawischen, romanischen und deutschen Kulturraums zu fördern. Es gibt grenzüberschreitende Wirtschaftskooperationen, Rad- und Wanderwege oder Märkte, auf denen sich Produzenten aus der gesamten Region treffen. Bei organisierten Kulturtagesfahrten haben Sie zudem die Möglichkeit, Besonderheiten und Lebensart näher kennen zu lernen.

Damit wir in andere Lebenswelten eintauchen können, sind die Sprachen der Nachbarn für die Kommunikation mit den Menschen unabdingbar. Erst dadurch ist ein gutes Miteinander in der Nachbarschaft möglich, weil wir verstehen lernen wie die Menschen denken und vor allem, warum sie sich in manchen Situationen anders verhalten als wir es gewohnt sind. Die Europäische Union hat uns eine große Chance ermöglicht, Interkulturalität zu leben – jeden Tag und nicht mehr nur im Urlaub auf anderen Kontinenten. Im Alpen-Adria-Raum, dem Schnittpunkt dreier Kulturen, in der sich slawische, romanische und österreichisch-germanische Völker in allen Bereichen des Lebens täglich aufs Neue begegnen, haben wir täglich die Möglichkeit, unsere interkulturelle Kompetenz unter Beweis zu stellen und diese Vielfalt als Bereicherung sehen und genießen. Daher lassen Sie uns einen kurzen Blick auf die Geschichte werfen.

Sloweniens Verbindung mit Österreich

Für viele Österreicher liegt Slowenien nur auf halber Strecke zum Kroatienurlaub, halt irgendwo auf dem Balkan … auf dem Balkan? Die meisten Slowenen würden hier vehement widersprechen. Trotz der gemeinsamen jugoslawischen Geschichte fühlen sich das Land und seine Bewohner seit jeher eher Mitteleuropa zugehörig. Das rührt auch seitens der Geschichte her. Denn Slowenien war lange Zeit ein Teil von Österreich-Ungarn. Deshalb sind auch heute noch Wörter wie Dreck, Witz, Fußnote oder Schraubenzieher im täglichen Sprachgebrauch der Slowenen verankert.

An der Sprache lässt sich besonders gut festmachen, was für die slowenische Mentalität im Großen und Ganzen gilt: Sie ist eine Mischung aus mitteleuropäischer Lebenseinstellung und Balkanmentalität. Durchquert man das Land von Norden nach Süden, so spürt man deutlich, wie unterschiedlich die Menschen sind: Im Norden sind die Slowenen eher zurückhaltend bis verschlossen, im Süden häufig offen und herzlich. Ausnahmen bestätigen die Regel. Besonders die Vielseitigkeit fasziniert an diesem kleinen Land. Alle paar Dörfer ändern sich Dialekte und lokale Küche. Das macht Entdeckungstouren durch das Land so spannend, wie auch Standard-Autor David Tiefenthaler findet.

Fakten zur Geschichte Sloweniens:
- Bereits im 6. Jahrhundert nach Christus begaben sich die slawischen Vorfahren der Slowenen ins

Gebiet des heutigen Sloweniens und ließen sich dort nieder. Im 7. Jahrhundert nach Christus entstand daraus das slawische Fürstentum Karantanien.
- Karantanien wurde in das Herzogtum Bayern und damit in das Ostfränkische Reich eingegliedert und ab 976 zum Herzogtum Kärnten des Heiligen Römischen Reiches.
- Im Zuge des Aufstiegs der Habsburger ab der Mitte des 13. Jahrhunderts wurden große Gebiete des heutigen Sloweniens habsburgisch. Danach stand das spätere slowenische Territorium bis zum Ende des Ersten Weltkrieges – mit einer kurzen Unterbrechung während der Napoleonischen Kriege – unter habsburgischer Herrschaft.
- Das schon im 19. Jahrhundert zunehmend aufflammende Nationalbewusstsein und die Auflösung Österreich-Ungarns gegen Ende des Ersten Weltkrieges führte am 6. Oktober 1918 zunächst zur Bildung eines Nationalrats der Slowenen, Kroaten und Serben. Als italienische Truppen in die slowenische Küstenregion vordrangen und im Norden um Kärnten kämpften (Kärntner Abwehrkampf), bat der Nationalrat das Königreich Serbien um militärische Hilfe. Aus dieser Kooperation entstand am 1. Dezember 1918 das Königreich der Serben, Kroaten und Slowenen (abgekürzt SHS-Staat).
- Der Vertrag von St. Germain 1919 sprach dem SHS-Staat die Untersteiermark mit der Hauptstadt Marburg (slowenisch: Maribor) zu, sowie mehrheitlich slowenischsprachige Teile des Kärntner

Unterlandes. Durch den Vertrag von Trianon 1920 mit Ungarn ging des Übermurgebiet im Norden (slowenisch: Prekmurje) an das Königreich SHS. Im Grenzvertrag von Rapallo (November 1920) erhielt andererseits Italien die besetzte slowenische Küstenregion.

- Nach dem Zweiten Weltkrieg wurde am 29. November 1945 die Demokratische Föderative Volksrepublik Jugoslawien (SFRJ) mit der Teilrepublik sozialistische Republik Slowenien ausgerufen. Das seit 1947 theoretisch unter UNO-Verwaltung stehende Freie Territorium Triest mit einem Großteil von Istrien wurde 1954 im Londoner Memorandum provisorisch zwischen Italien und Jugoslawien aufgeteilt, doch erst am 10. November 1975 wurde diese provisorische Aufteilung im Vertrag von Osimo besiegelt. Im Zuge dieser Aufteilung gelangte Slowenien in den Besitz von Koper (Capodistria) und Portoroz (Portorose) mit knapp 50 Kilometer Adriaküste, doch ist die Grenzziehung zwischen den ehemaligen jugoslawischen Teilrepubliken Kroatien und Slowenien in diesem Gebiet noch immer nicht völlig präzise geregelt.
- Die wachsende Unzufriedenheit mit der Belgrader Führung während der 1980er-Jahre mündete in der Unabhängigkeitserklärung Sloweniens am 25. Juni 1991. Der darauffolgende Einmarsch jugoslawischer Truppen konnte im sogenannten 10-Tage-Krieg durch die Territorialverteidigung erfolgreich abgewehrt werden, was die Verabschiedung einer demokratischen Verfassung nach europäi-

schem Vorbild am 23. Dezember 1991 ermöglichte.
- Am 1. Mai 2004 wurde Slowenien Mitglied der Europäischen Union. An diesem Tag trat Slowenien auch dem Schengener Abkommen bei und dies führte zum Wegfall der Grenzkontrollen an den Grenzen zu Österreich, Ungarn und Italien.

Südtirols Verbindung mit Österreich

Südtirol gehört zu den Sehnsuchtszielen vieler Urlauber. Aber auch wirtschaftlich hat sich die Region in vielen Bereichen an die Spitze gearbeitet und schafft den Spagat zwischen Tradition, Innovation und Design. Hier treffen italienische, deutsche und ladinische Sprache aufeinander. Seit über 90 Jahren gehört Südtirol zu Italien. Gerade bei Sprache, Kultur und Kulinarik ist die Vergangenheit spürbar. Viel Tirol und ein bisschen Österreich sind südlich des Brenners immer noch präsent. Viele junge Südtiroler verbringen ihre Studienjahre in Wien, Graz und Innsbruck und damit fließt vieles an Kultur und Verhaltensweisen nach Südtirol zurück. Ein weiterer Grund, warum sich der Südtiroler mit Österreich noch immer verbunden fühlt, ist der ORF, der ganz offiziell in Südtirol empfangen wird. Beim Medienkonsum der Südtiroler stehen die TV-Sender des ORF sowie der Radiosender Ö3 ganz weit oben. Zusätzlich gibt es eine eigene Sendung: „Südtirol heute", mit einer eigenen Redaktion in Bozen. Kulturell ist Südtirol eine Mischung aus südlicher Gelassenheit und bäuerlichem Traditionsbewusstsein.

Fakten zur Geschichte Südtirols:
- Die berühmteste Gletschermumie der Welt, der Ötzi, gibt Einblicke in die Welt um 3.200 vor Christus, als die Besiedelung der kleinen Seitentäler begann.
- Von 400 vor Christus bis zum 5. Jahrhundert nach Christus stand Südtirol unter Einfluss der Räter und Römer – geblieben ist aus dieser Zeit die ladinische Sprache, die noch heute im Gadertal und Grödnertal gesprochen wird.
- Als Brücke zwischen dem germanischen Norden und dem italienischen Süden mit zwei Alpenpässen hatte die Region seit jeher strategische Bedeutung. Handelsstraßen, prunkvolle Ansitze, Marktplätze und nicht zuletzt über 800 Burgen und Schlösser zeugen noch heute davon.
- Von 1363 bis 1919 war Südtirol zusammen mit Nord- und Osttirol, die heute zu Österreich gehören, Teil des Habsburgerreiches. Dieser Zeitraum hatte großen Einfluss auf die Kultur, die Architektur und die Küche Südtirols.
- Südtirol wurde nach dem Ersten Weltkrieg Italien zugesprochen. Nach Jahren der Italienisierungspolitik und harten politischen Machtkämpfen trat 1972 das zweite Autonomiestatut zum Schutz der Südtiroler in Kraft.
- Südtirol ist heute Teil der italienischen Region Trentino-Südtirol, die aus den zwei autonomen

Provinzen Bozen-Südtirol und Trentino besteht, und hat rund 520.000 Einwohner.
- Es gibt drei offizielle Landessprachen: 64 Prozent der Bevölkerung sind deutscher, 24 Prozent italienischer und 4 Prozent ladinischer Muttersprache.
- Das Schulsystem in Südtirol ist nach Sprachen getrennt. Deutsch bzw. italienisch wird als erste Fremdsprache unterrichtet. In den ladinischen Tälern erfolgt der Unterricht in allen drei Sprachen.

Politisches System

Das politische System eines Landes hat immer auch Auswirkungen auf die Umgangsformen. Die große Ausdehnung Italiens sowie die geschichtliche Entwicklung bedingen starke Unterschiede zwischen Nord- und Süditalien. Bis zur italienischen Einigung in den 1960er Jahren des vergangenen Jahrhunderts waren die Lombardei und Veneto, teilweise auch die Toskana jahrzehntelang unter österreichischer Verwaltung, der Süden wurde von Spaniern und Bourbonen (Königreich Neapel) regiert, während Mittelitalien durch den Kirchenstaat geprägt wurde und Südtirol ebenso von Östereich. Diese geschichtlichen Voraussetzungen haben Mentalität, Sozialgefüge, Verwaltung und Wirtschaft beeinflusst und sind auch heute noch in ihren Grundzügen erkennbar.

Slowenien hat mit Österreich viel gemeinsam. Zum einen ist da der große Einfluss der katholischen Kirche bis 1945 und die fast 600 Jahre währende gemeinsame Geschichte sowie Kultur bis zum Ende der Donaumonarchie. Das bedeutet, zwischen den beiden Ländern gibt es sehr ähnliche Werte und Traditionen, damit auch ähnliche Umgangsformen und Verhaltensweisen. Nach 1945 gab es einen Wandel. Der Sozialismus war in Slowenien anfangs starr, er bekam aber weichere und flexiblere Züge. Die Staatsform war eine sozialistische föderative Republik. Ein interessantes System für jeden Volkswirt. Denn im System der „Arbeiterselbstverwaltung" war nicht der Staat der Eigentümer von Unternehmen, sondern die Arbeitnehmer – vom Management bis zum Hilfsarbeiter.

Die gesellschaftliche Stellung der Arbeitnehmer, der Jugend, der Frauen, aber auch ethnischer Minderheiten hat sich im Vergleich zur Zwischenkriegszeit erheblich gebessert. Bratstvo i edinstvo – Brüderlichkeit und Einigkeit – war der Slogan im damaligen Jugoslawien und wurde teilweise gelebt. Bei drei Religionen sowie unzähligen Volksgruppen und Minderheiten ging es auch nicht anders.

Slowenien profitierte von der Rolle, die Tito innerhalb der Gruppe der Blockfreien Staaten innehatte. Es gab Zugang für ausländische Studenten an der Universität Ljubljana, vor allem aus Indien, Pakistan, Irak, Iran und vielen afrikanischen Ländern kamen Studierende.

„Slowenien hat einen sehr kleinen Binnenmarkt und daher musste man sich den Markt immer schon außerhalb suchen. Ob früher Ex-Jugoslawien oder dann Europa. Dazu waren Reisen und Sprachen erforderlich – das eröffnet einen weiten Horizont", findet Benjamin Wakounig, Präsident des Slowenische Wirtschaftsverbandes Kärnten/Slovenska gospodarska zveza. In einem ausführlichen Gespräch mit den Autorinnen lieferte er für dieses Buch wertvolle Einblicke in das Leben der Kärntner Slowenen und der Slowenen in Kärnten.

Kärntner Slowenen und Slowenen in Kärnten

Für Außenstehende ist es oft nicht leicht zu verstehen, wie Volksgruppen ticken und warum sie manchmal Dinge anders sehen. In Kärnten ist die slowenische Volksgruppe eine kleine Volksgruppe. Wakounig erklärt: „Traditionell zieht sich die Volksgruppe von Hermagor bis nach Lavamünd. In diesem Südstreifen werden unterschiedliche slowenische Dialekte gesprochen. Sie werden alle der slowenischen Kärntner Mundart zugerechnet, einer der sieben großen Dialektgruppen der slowenischen Sprache. Die zum Teil recht großen dialektalen Unterschiede entstanden durch die Besiedlung dieses Raumes von verschiedenen Seiten aus sowie durch die gebirgige Topographie, die eine ständige Kommunikation nicht ermöglichte. Die Unterschiede können so groß sein, dass die Rosentaler den slowenischen Dialekt aus der Region Sittersdorf nicht verstehen. Viele Kärntner Slowenen sind in Kulturvereinen tätig und daher kennt man einander. In erster Linie wird Slowenisch miteinander kommuniziert. Nachdem aber alle auch Deutsch lernen, sind alle zweisprachig und es wird natürlich auch Deutsch gesprochen. Mit der neuen Generation hat sich mittlerweile auch das Englische dazugesellt. Wobei die slowenische, englische und deutsche Sprache für Kärntner Slowenen gleich gestellt ist und großer Wert auf korrekte Aussprache oder Grammatik gelegt wird."

Vertreten wird die Volksgruppe in Kärnten durch drei Organisationen: den Rat der Kärntner Slowenen (NSKS), den Zentralverband slowenischer Organisationen Kärntens (ZSO) und die erst seit 2003 existierende Gemeinschaft der Kärntner Slowenen und Sloweninnen (SKS). Dazu kommt als „Sammelpartei" der slowenischen Volksgruppe noch die slowenische Einheitsliste (EL), die aus dem Klub der slowenischen Gemeinderäte hervorgegangen ist. Weiters nimmt in der Volksgruppe die slowenische Bauernschaft eine sehr wichtige Rolle ein.

Die Kärntner Slowenen sind eine starke Community und gut miteinander vernetzt. Vor allem die jüngeren Generationen leben den Alpen-Adria-Gedanken. Fährt ein Kärntner Slowene nach Triest, nach Ljubljana oder nach Zagreb hat er dort garantiert einen Bekannten, den er trifft oder jederzeit anrufen kann. Ziehen aber gebürtige Slowenen nach Kärnten, ist es für sie nicht immer einfach, schnell in der Community Fuß zu fassen. Zieht ein Kärntner Slowene nach Ljubljana, sieht er sich selbst meist mehr als Kärntner. Benjamin Wakounig erklärt: „Unsere Denkweise in der Volksgruppe war und ist immer schon in Richtung Österreich ausgerichtet. Wir leben in diesem Kärntner Land und das ist unser Lebensbereich. Mit Slowenien verbindet uns nur die Sprache", sagt Wakounig. Innerhalb der Alpen-Adria-Region sieht er große Chancen für Kärnten. „Wir haben hier die Kultur aus Italien mit Südtirol, aus Slowenien und zum Teil aus Kroatien und Ungarn. Der Alpen-Adria-Gedanke wird in der slowenischen Volksgruppe auch vom gemeinsamen slowenischen Element beflügelt, das Verbindung schafft. In allen Alpen-Adria-Ländern wird, zumindest teilweise, slowenisch gesprochen. In Triest, Ljubljana, Zagreb und Klagenfurt kann man sich slowenisch unterhalten. Das ist ein wertvolles Plus, ein so genanntes Asset dieses Raumes. Deshalb hat der Slowenische Wirtschaftsverband/Slovenska gospodarska zveza 2018 das Projekt MAJ (Mreža Alpe Jadran/Netzwerk Alpen-Adria) entwickelt. Das Kernziel ist, die Jugend aus dieser Region miteinander zu verbinden, um neue Ideen für die Region und deren Fortschritt zu entwickeln."

Der Slowenische Wirtschaftsverband in Kärnten/Slovenska gospodarska zveza v Celovcu ist der wirtschaftliche Dachverband der slowenischen Volksgruppe in Kärnten. Er wurde 1988 von Wirtschaftstreibenden der slowenischen Volksgruppe in Südkärnten als überparteilicher Verband gegründet. Weitere Informationen gibt es online auf: www.sgz.at.

Bildung, Kultur, Sport und Wirtschaft

An erster Stelle steht für Kärntner Slowenen Bildung, gefolgt von Kultur, Sport und Wirtschaft. „Auch für uns Kärntner Slowenen war klar, dass wir uns nur halten, wenn wir gut ausgebildet und wirtschaftlich erfolgreich sind. Teil einer kleinen Volksgruppe zu sein, bedeutet auch, dass du schon immer einer internen Konkurrenz ausgesetzt bist. Dadurch, dass man immer mit einer gewissen Sorge um den eigenen Erhalt leben muss, ist man vielleicht etwas erfindungsreicher und gezwungen, die Dinge vielschichtiger zu sehen, man sieht mehrere Wege zur Lösung eines Problems. Die Chance von Bilingualismus fördert die Fähigkeit vernetzt zu denken und eine schnellere Auffassungsgabe. Man muss immer besser als die anderen sein, um sich zu behaupten. Das ist einerseits schade und ungerecht, andererseits setzt ein gewisser Druck auch mehr Kräfte frei. Das ist ähnlich wie bei Frauen. Auch sie müssen besser sein als Männer, wenn sie etwas erreichen wollen. Leider", findet Wakounig.

Wirtschaftliches Denken sei den Kärntner Slowenen nicht fremd. „Immerhin waren es die Kärntner Slowenen, die die erste Darlehenskasse und bäuerliche Wirtschaftsgenossenschaft in Kärnten gegründet haben, aus der sich dann der österreichische Raiffeisenverband entwickelt hat", berichtet Wakounig. Ein besonderes Merkmal in der Geschäftskultur von Kärntner Slowenen ist die Handschlagqualität, denn schließlich kennt jeder jeden und damit ist Verlässlichkeit eine Tugend. Loyalität wird in der Volksgruppe ebenso groß geschrieben. Das Netzwerk hat im Beruf und im Privaten einen hohen Wert.

Ähnlich wie bei den Slowenen spielt für die Volksgruppe gepflegte Kleidung und ein korrektes Erscheinungsbild eine große Rolle. Gesundheit, Familie, Freunde, Arbeit in einem renommierten Unternehmen, immer mehr Wert wird auf eine entsprechende Work-Life-Balance gelegt, das neueste Handy, Markenkleidung, Reisen, Freizeit, Kultur, Kulinarik, Urlaub und Auto bzw. der Fuhrpark in der Firma zählen zu den aussagekräftigen Statussymbolen. Innerhalb der Volksgruppe ist das Du weit verbreitet. Aber es gibt bei den Kärntner Slowenen auch noch den alten Brauch, die eigenen Eltern per Sie anzusprechen. Sich selbst schreiben die Kärntner Slowenen oft Umweltbewusstsein, Offenheit für Forschung, Innovation, Digitalisierung und Social Media als Stärke zu.

Auch im Sport sind viele Kärntner Slowenen über die Landesgrenzen hinaus erfolgreich, im Volleyball, Skispringen, Radfahren, Biathlon, Fußball und vielem mehr. „Wir sind ein sportbegeistertes Volk und lieben insbesondere auch die Berge", bestätigt Wakounig. All das sind zum Beispiel auch gute Small-Talk-Themen, um mit den Mitgliedern der Volksgruppe ins Gespräch zu kommen.

Kultur als Instrument der Identitätsfindung, aber auch des internationalen Austausches besitzt für Slowenien großen Stellenwert. Neben öffentlichen Kultureinrichtungen existiert eine reichhaltige unabhängige Kulturszene.

Minderheiten in Slowenien

Die Italiener leben in der Küstenregion von Slowenien, die Ungarn an der Grenze zu Ungarn. Beide Minderheiten sind relativ klein. Eine deutschsprachige Minderheit in Slowenien ist nicht offiziell anerkannt: Die Nachkommen der Gottscheer-Deutschen leben im Süden von Slowenien. Man geht heute von weniger als 1.000 deutschsprachiger Gottscheer in Slowenien aus. Österreich setzt sich für eine Anerkennung der deutschen Volksgruppe in Slowenien ein. Die letzten damit verbundenen Diskussionen fanden im außen-politischen Ausschuss des österreichischen Nationalrats im Mai 2018 statt. Der vom Aussterben bedrohte Gottscheer-Dialekt ist dem Bayerischen ähnlich.

Südtiroler Schützen

Tiroler Verbindlichkeit und italienische Verspieltheit, mitteleuropäische und mediterrane Mentalität – Südtirol ist durchaus auch von Gegensätzen geprägt. Eine kulturelle Besonderheit ist der Südtiroler Schützenbund. Als Organisation ist diese überparteilich und hat sich ganz der Erhaltung der Heimat, der Traditionspflege und dem Väterglauben verschrieben. Vertreter der Schützen sind in höchsten Gremien präsent und üben somit gesellschaftlichen sowie wirtschaftlichen Einfluss aus. Der Gemeinschaftssinn ist untereinander stark ausgeprägt. Egal wann ein Nachbar Hilfe braucht, die Schützen sind da, wenn sie gebraucht werden. Ausdruck findet das auch in der gelebten Kultur. So tragen Schützen traditionelle Trachten, kümmern sich um Bau- und Kulturdenkmäler und fördern altes Brauchtum. Ein jährliches Fortbildungsprogramm informiert über Geschichte, Heimat, die Kunst der Reden sowie über Stil und Etikette. Jeder wird mit Du angesprochen. Politisch setzen sich die Schützen gegen Ungerechtigkeit und die Verherrlichung von totalitären Staatsformen ein. Der Schutz der eigenen Heimat steht im Mittelpunkt.

Was Kultur ausmacht

Die Kultur in einem Land ist nicht materiell und bewusst, sondern eher ideell und unbewusst. Das was die Menschen an gemeinsamen Vorstellungen, Erwartungen und Überzeugungen entwickelt haben, was in Gewohnheit übergegangen ist, das wird auch zur Orientierung: die Art der Kommunikation, die Symbole und Rituale, der Umgang mit Hierarchie, die Werte, ungeschriebene Gesetze, Spielregeln, Vorbilder und Helden, das Rollenbild von Mann und Frau in der Gesellschaft, Kleidung, Essen und Trinken, Musik, Tanz und vieles mehr. Die Aussage „So ist das bei uns" bestimmt zu einem großen Teil das Denken und Handeln für die kleinen und großen Dinge im Alltag, im gesellschaftlichen Leben und am Arbeitsplatz.

Alpen-Adria-Knigge

Adolph Freiherr Knigge lebte im Zeitalter der Aufklärung. Er wurde 1752 geboren und starb 1796. Knigge wurde früh Vollwaise und wuchs mit einem Bein in der adligen und mit einem in der bürgerlichen Welt auf. Er hatte nach dem Studium der Rechte verschiedene Hofämter inne und ließ sich dann als freier Schriftsteller nieder. Er war ein Mann der Zeitenwende. Seine berühmten und vielkolportierten Schriften „Über den Umgang mit Menschen" und „Über Eigennutz und Undank" beruhen auf jahrelanger sorgfältiger Beobachtung und Sammlung von Erfahrungen im Umgang mit seinen Mitmenschen. Sie allein bilden die Basis für seine Empfehlungen, die in beiden Werken allerdings nur eine untergeordnete Stellung einnehmen. Deutlich der Zeit der Aufklärung verpflichtet, geht es ihm um die Bildung des ganzen Menschen in der Kunst feiner Menschenbehandlung.

Moritz Freiherr Knigge sagt: „Das mit dem Benimmpapst, das hat man ihm viel später angedichtet. Im Original ‚Über den Umgang mit Menschen' von 1788 kümmert er sich kein bisschen um die heute so beliebten Etiketteregeln." Einen einzigen Satz auf 420 Seiten widmet er der Frage, wer hinter wem wie die Treppe herauf und hinabsteigt, wohin der Saucenlöffel gehört und dass man in Gesellschaft nicht flüstern solle. Einer seiner wichtigsten Empfehlungen lautet: „Interessiere dich für andere, wenn du willst, dass diese sich für dich interessieren sollen."

Sein Name, der Knigge, gilt heute immer noch als Synonym dafür, wie man etwas richtig macht. Das war auch der Grund, warum wir uns für den Titel „Alpen-Adria-Knigge" entschieden haben. Wir wollen keine starren Regeln aufstellen, sondern vielmehr Empfehlungen für den Alltag geben und das Interesse für die Mitmenschen wecken.

Heute befindet sich die Gesellschaft in einem erneuten Wertewandel. Umgangsformen sowie Statussymbole verändern sich, der Umgang zwischen Mann und Frau erfindet sich wieder neu, unterschiedliche Generationen mit verschiedenen Zugängen zur Arbeitswelt arbeiten zusammen. Die Digitalisierung bringt das Leben sowie die Formen der Kommunikation durcheinander. Damit verändert sich auch der Arbeitsplatz. Die bekannten Dresscodes kennt man nicht mehr. Tischmanieren werden nicht mehr vorgelebt und wer sind überhaupt noch Vorbilder? Und dann gibt es plötzlich doch berufliche oder gesellschaftliche Anlässe, wo man das alles wissen und beherrschen sollte. Wenn das internationale Parkett ruft, sind auf einmal Hierarchie, Dresscodes und Gastgeberrolle wieder ein Thema.

Höflichkeit und gutes Benehmen gehören nach wie vor im Berufsleben wie im gesellschaftlichen Leben zum guten Ton. Ob am Arbeitsplatz, auf Reisen, bei Einladungen im In- und Ausland, es gilt: Wer die Regeln kennt und beherrscht, hat mehr Erfolg. Korrekte und respektvolle Umgangsformen sowie gutes Benehmen schaffen ein positives Klima für Gespräche, das Zusammenleben und Verhandlungen. Ein angemessenes Verhalten kann wesentlich zur Qualität der Unternehmenskultur beitragen und unnötige Konflikte vermeiden.

Eine gepflegte Erscheinung, gute Umgangsformen und korrekte Tischsitten werden in vielen Positionen – beruflich wie gesellschaftlich – vorausgesetzt. Aber die Umgangsformen haben sich dem Zeitgeist angepasst. Heute bestimmt nicht nur Achtung vor dem Mitmenschen, sondern auch Natürlichkeit das Handeln. Schließlich geht es den Menschen um soziale Anerkennung. Bringen Sie Ihr vorhandenes Wissen auf den neuesten Stand, um sich persönlich, Ihre Branche und das Unternehmen bei allen Gelegenheiten stilsicher zu repräsentieren.

Etikette oder Umgangsformen?

Etikette bestimmt lediglich, wie wir uns technisch in der Gesellschaft richtig verhalten. Wir erlernen früher oder später, wie man sich in bestimmten Situationen verhalten soll, welche Konvention in verschiedenen Gesellschaftsbereichen herrscht und passen uns an. Wir geben uns also einen Rahmen für das Miteinander vor. Der Begriff „Etikette" kommt aus dem Französischen und bedeutet nichts anderes als „angeheftetes Zettelchen". Diese mussten Adlige tragen, die sich am königlichen Hofe aufhielten. Auf ihnen war der gesellschaftliche Rang des Betreffenden vermerkt und damit wurde schnell klar, wer wen wie grüßen musste.

Die politische Etikette ist ein international verständlicher Code, der überall dort verstanden wird, wo Politik, Repräsentanten und Entscheider zusammenkommen. Sie umfasst all die Formen der Ehrerbietung, die es ermöglichen, sich bei gesellschaftlichen Anlässen souverän und stilsicher zu präsentieren und erfolgreich zwischen verschiedenen Interessen und über kulturelle Grenzen hinweg zu kommunizieren. Politische Etikette bilden all die vielen kleinen Ursachen, die eine große Wirkung entfalten, wenn sie sorgfältig bedacht sind. Dazu gehören Anreden, Symbole, Zeremonien, Rangordnung, Etikette, Abläufe, Placements, Einladungen, Gastgeschenke und vieles mehr.

Umgangsformen können nicht durch einstudierte Regeln vermittelt werden. Wertschätzung, Respekt, Aufmerksamkeit und Achtung den Gesprächspartnern gegenüber sollten den Umgang prägen. Aber das ist nicht immer so einfach. Denn Umgangsformen sind in unserer Zeit komplex geworden: Lebensmuster wandeln sich, Großfamilien sind selten, Singles prägen das Gesellschaftsleben, Verhaltensweisen von Mann und Frau ändern sich, klassische Grenzen von Arm und Reich sind nicht mehr eindeutig durch Statussymbole zuordenbar, Trends wie Regionalisierung bis hin zum „global feeling" beeinflussen die Kommunikation. Abgrenzung, Offenheit, Angleichung, Austausch – multikulturelle Kompetenz ist facettenreich und verlangt von uns allen viel Aufmerksamkeit und Achtsamkeit ab, beruflich und privat.

Umgangsformen sind die Spielregeln im gesellschaftlichen Leben. Es ist wichtig zu wissen, wie man in der Öffentlichkeit seinen Mitmenschen gegenüber auftritt. Es geht nicht darum, sein Ego zu verbiegen, sondern es geht um ein stressfreies Miteinander durch Rücksichtnahme und Respekt. Eine freundliche Begrüßung beim Betreten eines Raumes gehört ebenso dazu wie ein „Danke" oder „Bitte", wenn man etwas bekommen hat oder möchte.

Der tägliche Umgang mit Menschen ist durch Kommunikation geprägt. Wer nicht spricht, kann mit anderen kaum sinnvoll umgehen und ein zivilisiertes Miteinander bedeutet nicht immer das Einhalten einer steifen Etikette. Vielmehr kommt es darauf an, sich ein Repertoire verschiedener Verhaltensmuster anzueignen und bei Bedarf das passende auszuwählen. Um sich dieses Repertoire anzulegen, führt an der Auseinandersetzung mit der eigenen Kultur kein Weg vorbei. Zu interkultureller Kompetenz zählt das Wissen um die eigene Kultur als Basis für den Umgang mit anderen Kulturen. Erst das Verständnis für die Verhaltensmuster im eigenen Kulturkreis ermöglicht die Gegenüberstellung mit dem Verhalten anderer Kulturen. Die Wertung von „richtig und falsch" muss dem Verständnis von „anders" Platz machen.

Interkulturelle Kompetenz zählt heute nicht mehr nur als Schlüsselqualifikation im Berufsleben, sondern gehört auch als Werteverständnis ins gesellschaftliche und private Leben. Ob in der Familie, bei Freunden, im Urlaub oder am Arbeitsplatz – wir sind heute ständig in Kontakt mit Menschen aus anderen Kulturen. Daher lohnt es sich für jeden, den eigenen Zugang zu interkultureller Kommunikation genauer zu betrachten.

Interkulturelle Kommunikation

Je stärker Europa wirtschaftlich zusammenwächst, umso mehr rücken die Kulturunterschiede der einzelnen Nationen in den Vordergrund. Allein schon wegen der Notwendigkeit, einen geschäftlich zu nutzenden persönlichen Kontakt herzustellen, müssen Sie sich auf die Besonderheiten einer anderen Kultur vorbereiten. Es geht hier nicht um eine Überanpassung an die jeweiligen Landessitten, sondern zuerst um die Beherrschung der korrekten Umgangsformen der eigenen Kultur. Sie sollten durch Ihr Verhalten nicht gegen Tabus des Gastlandes verstoßen. Eine Verletzung von Tabus anderer Nationen kann eine Brüskierung bedeuten. So wäre es in vielen europäischen Ländern unhöflich, beim Handschlag die Rangordnung zu missachten oder als Mann bei der Begrüßung sitzen zu bleiben. Kleinigkeiten, die zur Kundenorientierung auf internationalen Märkten dazugehören und über die Sie Bescheid wissen sollten.

Interkulturelle Umgangsformen

Bei Geschäftsbeziehungen mit Unternehmen im Ausland entscheiden Kenntnisse über Sitten und Gebräuche der jeweiligen Länder oft über den Erfolg der Verhandlungen. Deshalb sollten Sie sich rechtzeitig über die Umgangsformen im Land informieren.

Dazu zählen:
- Geschäftsgepflogenheiten

- Mentalität
- Landessprache/n
- Stellung von Mann und Frau in der Gesellschaft
- Verkehrsregeln
- Politisches System
- Religion/en

In Zeiten zunehmender Internationalisierung ist Verständigung und Respekt füreinander eine verpflichtende Kompetenz. Wenn Sie im Globalbusiness erfolgreich sein möchten, in andere Kontinente reisen oder mit ausländischen Geschäftspartnern arbeiten, kommen Sie nicht drum herum, sich intensiv vorzubereiten. Zuerst müssen Sie Ihre eigenen gewohnten Denk- und Verhaltensweisen kennen und dann die Ihres Geschäftspartners. Denken Sie daran, jede Person lebt in ihrem eigenen kulturellen Kontext. Die Fähigkeit, sich auf fremde Situationen einzulassen, Selbstreflexion und das Zulassen von Unsicherheit und Widersprüchen sowie die Kompetenz, Missverständnisse auszuhandeln, ist Voraussetzung für interkulturelle Kompetenz.

Menschen, die in multinationalen Unternehmen arbeiten, möchten sowohl ihre fachlichen Qualifikationen und individuellen Kompetenzen als auch ihre kulturellen Prägungen und Interessen einbringen. Es bedarf daher einer Lernkultur in den Unternehmen, die es ermöglicht, Menschen mit anderen kulturellen Lernerfahrungen einzubinden, um neue Kompetenzen im Umgang miteinander zu entwickeln.

Slowenisch, Italienisch oder Deutsch zu sprechen reicht nicht aus, um sich ohne Schwierigkeiten verständigen zu können. Im Business herrschen eigene Codes und Regeln, wie miteinander umgegangen wird. Wenn Mitarbeiter nicht auf die internationalen Erfahrungen und Kontakte mit ausländischen Partnern vorbereitet werden, können grenzüberschreitende Projekte, Fusionen oder Übernahmen scheitern.

Interkulturelle Kompetenz bedeutet auch, sich mit der Geschichte, der Politik, der Wirtschaft, den Sitten und Gebräuchen sowie der Kunst und Kultur des Landes zu beschäftigen, um sich im Umgang mit den Menschen sicher zu verhalten. Es liegt immer am Geschick der Menschen, wie Geschäfte angebahnt und durchgeführt werden und ob sie längerfristig halten. Erfahrungen aus Unternehmen zeigen, dass es nicht nur den guten Ruf, sondern auch viel Geld kosten kann, wenn Auslandsgeschäfte wegen kulturellem Fehlverhalten nicht zustande kommen oder multikulturelle Teams nicht effizient arbeiten. Sehr oft stecken dahinter interkulturelle Missverständnisse, deren Ursprung in der Kommunikation liegt. Es wird zwischen folgenden kulturellen Missverständnissen unterschieden:
- Verbal: Deutsch ist nicht gleich Deutsch
- Nonverbal: unterschiedliche Gestik, Mimik und Körpersprache
- Paraverbal: unterschiedliche Betonung

Kulturgenerelles/Kulturspezifisches Wissen
Eigene Kultur kennen

WISSEN

FÄHIGKEITEN

HALTUNGEN & EINSTELLUNGEN

Interkulturelle Kompetenz

In Beziehung gehen
Reflexionsfähigkeit
Fähigkeit, die Perspektive zu wechseln
Beobachten
Zuhören
Analysieren

Neugier
Respekt
Wertschätzung & Empathie
Unvoreingenommenheit
Offenheit

Die hierarchische Ordnung in der Gesellschaft und die Arbeitsorganisation schaffen ebenfalls Raum für Irritationen. Dazu zählt der Umgang zwischen Älteren und Jüngeren, Frauen und Männern sowie Vorgesetzten und Mitarbeitern. In diesem Bereich gibt es im Großen Unterschiede zwischen den Ländern und im Kleinen Unterschiede zwischen den einzelnen Unternehmen.

Barrieren zwischen Businesskulturen

Abschlussorientierte Menschen sind auf ihre eigentliche Aufgabe gerichtet, während beziehungsorientierte Typen vorerst eher am Menschen interessiert sind. Konflikte entstehen, wenn abschlussorientierte Lieferanten mit beziehungsorientierten Kunden ins Geschäft kommen möchten. Viele beziehungsorientierte Leute empfinden abschlussorientierte Typen als aufdringlich, aggressiv und unverblümt. Umgekehrt sehen abschlussorientierte Typen ihre beziehungsorientierten Partner als zögerlich, vage und schwer fassbar.

Zu den abschlussorientierten Kulturen gehören Nord- und Westeuropa, Großbritannien, Nordamerika, Australien, Neuseeland und Südafrika. Zurückhaltend abschlussorientierte Kulturen sind Südeuropa, Osteuropa, der Mittelmeerraum, Hongkong und Singapur. In diesen Gegenden kommt man schneller zum Geschäft, anders hingegen bei den beziehungsorientierten Kulturen wie die arabischen Länder, der größte Teil Afrikas,

Lateinamerika und ein Großteil Asiens. Ein langer Beziehungsaufbau auf gleicher Hierarchieebene ist eine Voraussetzung für das Geschäft.

Wer interkulturelle Kompetenz leben will, muss sich sowohl mit der eigenen als auch mit der fremden Kultur beschäftigen. Es geht immer um die eigene und fremde kulturelle Prägung, die Traditionen der Menschen, den Umgang mit Hierarchie, Respekt, Zeit, Arbeit und Konflikten sowie um allgemeine Umgangsformen im Alltag. Es ist die Art, wie Menschen miteinander kommunizieren. Durch „social codes" können sich Insider leichter erkennen. Sie schaffen kulturelle Elemente, die das Verhalten der Gruppe ausmachen und, die mit anderen Personen der Gruppe abgeglichen werden.

Kriterien, anhand derer die Unterschiede deutlich werden, sind:

- Zeit: Es gibt zeitfixierte Kulturen wie Deutschland, Slowenien und Österreich und zeitoffene Kulturen wie Italien und Kroatien. Generell kann man sagen: Länder im Norden sind zeitfixierter, je weiter man in den Süden kommt, desto zeitoffener werden die Menschen.

- Raum: Je weiter man in den Norden kommt, desto größer ist die Distanzzone zwischen den Menschen. Länder, die weiter im Süden liegen, haben engere Distanzzonen.

- Beziehung: Es gibt unterschiedliche Arten, wie eine Beziehung gestaltet wird – entweder formell oder informell. Irritationen können entstehen, wenn Menschen aus informellen, also relativ egalitären Kulturen auf eher formelle Partner aus hierarchischen Gesellschaften treffen. Der unbeschwerte Umgang beleidigt hochrangige Partner aus hierarchischen Gefügen genauso, wie das Statusbewusstsein formeller Typen den Gleichheitssinn der Informellen verletzen kann. Zurückhaltend abschlussorientierte Kulturen wie zum Beispiel Italien, Slowenien und Österreich legen Wert auf das Formelle, auf Hierarchie und Titel.

- Förmlichkeit: Der förmliche Umgang kann ganz unterschiedlich geprägt sein. Kulturen bleiben entweder lange bei der höflichen Anrede inklusive Titelbezeichnungen oder können sehr schnell zum Du wechseln.

- Direktheit: Die Direktheit beeinflusst die Zeit, um ein Geschäft abzuschließen. Abschlussorientierte Kulturen kommen schnell zum Punkt und brauchen nicht viel Smalltalk im Vorfeld, um das Gegenüber besser kennenzulernen.

- Geschlecht: Frauen in der Geschäftswelt sind im Alpen-Adria-Raum durchaus schon selbstverständlich und können auch beim Geschäftsessen als Gastgeberin auftreten.

- Status: In Europa erhält man Status vermehrt durch eine persönliche Leistung und wird nicht mehr primär durch die Familie verliehen.

Nächste Generationen

Viele junge Menschen absolvieren Teile ihres Studiums im Ausland, durchlaufen Praktika in internationalen Unternehmen, reisen privat wie selbstverständlich durch die Welt – nicht nur virtuell, sondern auch real und sind es gewohnt, sowohl in Englisch als auch in anderen Sprachen zu kommunizieren. Sie schwärmen aus, um die Welt kennen zu lernen, probieren Couchsurfing, Airbnb, Mitfahrgelegenheiten über Apps und lernen dabei, das Andere oder das Fremde als Bereicherung ihres Lebens zu sehen. Dabei lernen die jungen Menschen ihre eigenen gewohnten Denk- und Verhaltensweisen kennen und die ihres Gegenübers.

Im Alpen-Adria-Raum gibt es die Möglichkeiten der grenzüberschreitenden Erfahrungen schon in der Schule. In Kärnten gibt es einen regen Schulaustausch mit Privatschulen in Udine (Friaul-Julisch-Venetien) und in Klagenfurt bietet die zweisprachige HAK-Bundeshandelsakademie slowenischen Jugendlichen die Möglichkeit eine Kärntner Schule zu besuchen. Auch die slowenischsprachigen Schulen erfreuen sich immer größerer Beliebtheit. Das bestätigt Miran Breznik, er ist Unternehmensberater in der Exportbegleitung sowie Internationalisierung und unterrichtet in der BHAK. So habe sich die zweisprachige Bundeshandelsakademie Klagenfurt/Dvojezična zvezna trgovska akademija Celovec seit ihrer Gründung 1990 zu einer einzigartigen Ausbildungsstätte für grenzüberschreitende Wirtschaftskompetenz und Kooperation im Herzen Europas positioniert. Durchgehender bilingualer Unterricht in deutscher und slowenischer Sprache und der Einsatz von Englisch und Italienisch als Arbeitssprache fördere Sprachgewandtheit und Kreativität sowie die Fähigkeit zu vernetztem Denken im interkulturellen Kontext.

Gastfreundschaft

Gerade in religiösen Traditionen wird der Wert der Gastfreundschaft besonders betont. Schon im Alten und Neuen Testament ist zu lesen: „Vergesst die Gastfreundschaft nicht; denn durch sie haben einige, ohne es zu ahnen, Engel beherbergt." Die Gedanken von Großzügigkeit, Wohltätigkeit und Nächstenliebe spiegeln sich in der Gastfreundschaft wider. Durch das Anbieten von Gastfreundschaft, geht man davon aus, dass man selbst auch derart behandelt wird, sollten die Rollen einmal getauscht werden. Gastfreundschaft dient als sozialer Kitt, der zwischen verschiedenen Gruppen eine Art Vertrauen herstellt. Doch in einem größeren Zusammenhang dient er auch dazu, das soziale Gefüge zu erhalten.

Höflichkeit, Direktheit, Zurückhaltung und Temperament sind gerade beim Kennenlernen ausschlaggebend für den ersten Eindruck. Je nach Temperament, wie man Spontaneität, Freude, Spaß, Zorn oder Trauer zeigt und damit umgeht, kann man den Verlauf eines Gesprächs positiv oder negativ beeinflussen. Gelebte Gastfreundschaft macht deutlich, ob man sich mit den Sitten und Gebräuchen der Gäste vertraut gemacht hat und wie gut man sich mit den eigenen Ritualen auskennt. Das Aussprechen von Einladungen, Begrüßungsrituale, der Umgang mit Essen oder unsere Gastgeschenke zeigen dem Gast unser Bemühen.

Empfinden Sie sich selbst als gastfreundlich? Was verstehen Sie unter Gastfreundschaft? Denken Sie daran, dass Ihre Nachbarn vielleicht ein anderes Bild von Gastfreundschaft haben als Sie selbst. Das gilt auch für private Essenseinladungen. In Österreich ist es eine große Auszeichnung, wenn man privat zum Essen eingeladen wird. In Slowenien wird generell lieber dem Restaurant der Vorzug gegeben. Nach einem Geschäftsabschluss ist es durchaus üblich, dass die slowenischen Geschäftspartner zu einem Essen oder gemeinsamen Drink einladen.

Ähnlich, aber nicht gleich

Obwohl Kärnten, Slowenien und Südtirol als europäische Regionen eine gemeinsame Geschichte haben und sich in einigen Bereichen stark ähneln, hat jedes der Länder eine eigene Kultur mit eigenen Umgangsformen. Ganz deutlich festmachen kann man diese Unterschiede an den Geschäftsgepflogenheiten, der Mentalität, der Landessprache sowie der Stellung von Mann und Frau in der Gesellschaft. Das jeweilige politische System und die vorherrschende Religion hatten und haben Einfluss auf die Verhaltensweisen in einem Land.

Geschäftsgepflogenheiten

Zu den Geschäftsgepflogenheiten gehören zum Beispiel Terminvereinbarungen. In Österreich sind Termine um acht Uhr oder halb neun Uhr morgens üblich. In südlicheren Ländern geht vor zehn Uhr gar nichts. Ein schnelles Mittagessen mit dem Geschäftspartner steht in Österreich und Slowenien an der Tagesordnung. Hingegen in Italien ist das unvorstellbar, hier wird für das Essen viel mehr Zeit eingeplant. Auch die entsprechende Kleidung oder die Gastgeberrolle sind je nach Geschäftsgepflogenheiten anders.

Mentalität

Viele Unternehmen gehen bei Auslandsgeschäften viel zu stark von der eigenen Denkweise aus. Wer aber in einem anderen Land tätig ist, von dem wird erwartet, dass er sich der dortigen Einstellung anpasst. Das Gleiche gilt für Urlaub oder Ausflug. Es gibt Zuschreibungen, denen wir als Angehörige einer Nation entsprechen oder die von anderen an uns geschätzt werden. Würde man zum Beispiel behaupten, alle Deutschen sind pünktlich, fleißig, qualitätsbewusst und systematisch im Umgang mit Aufgaben, wäre das ein Klischee. Weil es leichter ist, eine Gruppe zu beschreiben, leben wir mit Klischees und mit Stereotypen. Sie machen es einfacher, andere Menschen ein- und zuzuordnen. Keine Frage, sie sind kritisch zu hinterfragen. Typische kulturelle Verhaltensweisen können abweichen. Der Abgleich von Selbst- und Fremdbild ist empfehlenswert.

Das ist ja typisch!
Welche fünf Eigenschaften schreiben Sie Österreichern, Slowenen und Südtirolern zu? Greifen Sie dabei in die Klischeekiste. Deckt sich Ihr Selbstbild mit dem Fremdbild? Testen Sie!

Wir haben Österreicher, Slowenen und Südtiroler gefragt, welche fünf Eigenschaften für ihr Volk typisch sind. Das sind die häufigsten Antworten:

Typisch österreichisch: friedliebend, sympathisch, gesellig, freundlich, Schmäh und Humor, charmantes Jammern.

Typisch slowenisch: brav, fleißig, pünktlich, loyal, ordnungsliebend, heimatbewusst, ehrgeizig, strebsam, nicht so selbstbewusst.

Typisch südtirolerisch: diszipliniert, leistungsorientiert, verbindlich und zielstrebig, charmant, kreativ und innovativ.

Österreichische Eigenheiten

Lassen Sie uns noch ein wenig tiefer in die Mentalität der drei Länder eintauchen, und beginnen wir mit unserem eigenen Heimatland – Österreich. Der überwiegende Teil der Österreicher identifiziert sich vorrangig als „Österreicher" und erst dann über ihre Herkunft aus dem Bundesland, der Heimatregion oder eigene persönliche Beziehungen. Vor allem die Erfolge im Sport machen die Österreicher Nationalstolz, aber auch Kunst und Kultur sind ihnen wichtig.

Als typisch gilt das ausgeprägte Harmonie- und Sicherheitsbedürfnis der Österreicher, das sich in verschiedensten Bereichen niederschlägt. Ob in der persönlichen Absicherung, im Zusammenleben mit dem

Partner oder beim Finanzverhalten, so wenig Risiko wie möglich einzugehen.

Typisch „untypisch" ist, dass die Eigenschaften, die sich Österreicher selbst zuschreiben, wie friedliebend, sympathisch oder gesellig, sich im internationalen Vergleich ganz anders darstellen. Da zeigt sich nämlich, dass die in eigener Wahrnehmung so leutseligen Österreicher eher Gesellschaftsmuffel sind, wenn es darum geht, zu Hause Gäste zu empfangen. In dieser Hinsicht liegt Österreich sogar unter dem europäischen Durchschnitt, weit entfernt von den global gesehen gastfreundlichsten Türken, Mexikanern und Ägyptern.

Kärnten war aufgrund seiner geografischen Lage, seiner geschichtlichen und sozialen Entwicklung, schon immer anders als die anderen österreichischen Bundesländer. Im Land an der Drau war man nationaler, heimat- und volksbewusster als anderswo. Die Kärntner Mentalität ist wieder eine eigene Sache. Grundsätzlich lässt sie sich wohl in zwei Gruppen teilen: Es gibt die weltoffenen Kärntner und die Kärntner mit der Abneigung gegenüber dem Fremden. Lange wurde die Mehrsprachigkeit nicht als Bereicherung, sondern als etwas Fremdes angesehen. Das hat sich inzwischen geändert. Im Ausland halten die Exilkärntner zusammen.

„Zwei Kärntner – ein Chor" gilt auch für Kärntner Slowenen. Slowenische Chöre heimsen immer wieder Preise und Auszeichnungen ein, die Schüler der

Kärntner Slowenischen Musikschule/Slovenska Glasbena šola gehören zur Spitze Kärntens.

Auch der Kärntner Dialekt hört sich mit dem lang gezogenen A und den Verniedlichungen (a Dirndale) wie ein Singsang an. Das berühmteste Wort ist wohl das „Lei". Das „nur" bedeutet und vielfach eingesetzt wird. Zusammen mit „losn" ergibt es die typisch kärntnerische Redewendung „lei losn", nur lassen: was soviel bedeutet wie sich nur nicht anstrengen oder sich nur nicht aufregen. Ähnlich wie das Italienische „dolce far niente", das Französische „laisser-faire", das Englische „easy going" und dem Wienerischen „nur net hudeln".

Im europäischen Vergleich legen die Österreicher eher eine geringere Bedeutung auf modische Kleidung. Tracht wird noch getragen. Wie jede Tracht bringt auch die Kärntner Tracht die regionalen Besonderheiten des Landes zum Ausdruck. Die Farben „braun und grün" symbolisieren die Erd- bzw. Heimatverbundenheit. Die geblümte Samtweste in der Grundfarbe schwarz tragen der Mann zum Anzug und die Frau als Gilet oder auch als Mieder zum Dirndlkleid. In den vergangenen Jahren wird in Kärnten wieder mehr Tracht getragen, vor allem junge Menschen finden daran wieder Gefallen. Aber vielfach wird Tracht anders und modischer getragen. Oft ist es nur ein T-Shirt mit Trachtenmotiven, kombiniert mit Jeans. Oder es ist ein Baumwolldirndlkleid in einer fröhlichen Farbe kombiniert mit modischen Ballerinas und Designertasche. Dann gibt es offizielle Anlässe und Mann/Frau tragen wiederum

Originaltrachten mit allem was dazugehört und traditionell abgestimmt.

Die Globalisierung und Öffnung der Grenzen hat dazu einen Beitrag geleistet. Traditionen erhalten wieder einen anderen Stellenwert, denn es ist eine Variante seine Wurzeln bzw. seine Identität sichtbar zu machen. Wenn man abgegrenzt von der Außenwelt war, war es nicht unbedingt erforderlich durch Symbole zu zeigen, doch nun hilft es möglicherweise auch den Menschen selbst, sich bewusst zu machen, woher sie kommen. Dann gibt es große (Volks-)feste, die auch den passenden Anlass bieten, die Tracht wieder auszuführen.

Das Image des Kärntner Anzugs hat jedoch in den letzten Jahren sehr gelitten, da er für politische Botschaften instrumentalisiert wurde. Die Menschen wissen um diese sensible Symbolik und dieser wird kaum mehr getragen. Wenn, dann eher als Kombination mit einer schwarzen Hose zum Beispiel. Wenn es der Anlass erlaubt, tragen Männer dann schon lieber eine Lederhose bis zum Knie mit dem passenden Sakko.

Im Geschäfts- bzw. Berufsalltag sollte man sich jedoch überlegen, welche Botschaft man mit dieser Art der Kleidung transportieren möchte. Wenn man weiß, dass die Farbe braun „Erd- und heimatverbunden" signalisiert, sollte man sich überlegen, ob das zum Arbeitsleben und zur Branche passt. Wenn es eine „Originaltracht" sein soll, dann wirklich traditionell und vom Spezialisten. Wenn es eine modische Variante von

Tracht sein soll, dann ist der Variationsvielfalt keine Grenze gesetzt. Aber die Gefahr, dass es „billig" aussieht, gibt es auch bei der Tracht.

Slowenische Eigenheiten

In Slowenien herrscht ein Mix aus alpiner, mediterraner und pannonischer Kultur. Slowenen erzählten uns, sie sehen sich selbst eher als Schweizer, wobei sie typische Wesensmerkmale von Deutschen (Ordnungsliebe, Fleiß, Pünktlichkeit) zu den ihren zählen, wie auch einige Wesensmerkmale von Italienern (Flexibilität, Innovationsfähigkeit). Was sie aber sicher nicht hören wollen ist, dass Slowenien ein Balkanstaat ist.

Innerhalb Sloweniens sollten die kulturellen und regionalen Unterschiede beachtet werden. Menschen aus dem Karst oder der Adriaküste ähneln eher Triestinern oder Bürgern von Görz, als Laibachern, da spielen der italienische Einfluss und die gemeinsame Geschichte dieser betreffenden Region eine Rolle. Bewohner der Stadt Maribor haben viele Gemeinsamkeiten mit Bewohnern der Oststeiermark, während Bewohner aus dem Übermurgebiet auch von der ungarischen Kultur partiell geprägt worden sind.

Die Unterschiede innerhalb Sloweniens sind groß – „ein Steirer ist ein Steirer". Dialekte gehen verloren, dennoch kann man die Menschen nach ihrem Dialekt den Regionen zuordnen. Schriftslowenisch spricht man quasi nur im Fernsehen und Radio.

Slowenien ist ein kleines Land, daher ist unter den Menschen bewusst oder unbewusst ein gewisses Minderwertigkeitsgefühl vorhanden. Das möchten viele durch überdurchschnittliche Leistungen kompensieren. Das spiegelt sich in Geschäftsbeziehungen wider. Spielen Sie nicht den Besserwisser, wenn Sie bei slowenischen Geschäftspartnern zu Gast sind!

Für slowenische Geschäftspartner sind internationale Kontakte wichtig wie zum Beispiel in die USA oder nach Japan. Es gibt aber auch eine wirtschaftliche und intellektuelle Orientierung nach Graz, Wien und München. Wirtschaftlicher Erfolg und materielle Prestigeobjekte haben einen hohen Stellenwert. Hierarchische Funktionen innerhalb von Unternehmen (Profit & Non-Profit) werden als ein Erfolgsfaktor gesehen. Im Vergleich zu Österreich haben akademische Titel in Slowenien weniger Bedeutung. Sie werden in der persönlichen Anrede nicht verwendet. Die Kommunikation und der zwischenmenschliche Austausch im Business sind im Vergleich zu Österreich direkter und das Konfliktverhalten ist offensiver. Auseinandersetzungen sind weniger angstbesetzt. Hart in der Sache, weich zu den Menschen – ein Motto, das im Business vorherrscht. Kritik kann durchaus geäußert werden, sollte aber eher unter vier Augen als bei einem Meeting mit mehreren Beteiligten passieren. Slowenen arbeiten viel, früh, lange und ständig – würdigen Sie dies als Geschäftspartner.

Umgangsformen werden ganz selbstverständlich gelebt. Dazu verhelfen auch Vereinsstrukturen und die Einbindung in kulturelle, sportliche und kirchliche Organisationen, wo der Umgang miteinander gelehrt und gelernt wird. In all diesen Bereichen gibt es Regeln, die eingehalten werden müssen. Die Bildungssysteme haben hohe Leistungsanforderungen, Fremdsprachenkenntnisse werden gefordert und gefördert. Gute Small-Talk-Themen sind Freizeit, Fitness und Sport. Vor allem bei jungen Slowenen hat der sportliche Ausgleich eine große Bedeutung.

Südtirolerische Eigenheiten

Wenn sich Südtiroler selbst beschreiben, dann kamen in den vielen unterschiedlichen Workshops auch immer folgende Assoziationen:
- Brauchtum. Dialekt. Tiefe Wurzeln. Kulinarik. Landschaft. Mediteranes & alpines Klima. Landwirtschaft. Regionale und Bioprodukte. Nachhaltigkeit. Natur. Ökologie.
- Religiöse Werte. Familie. Herzlichkeit. Freundlichkeit. Ehrlichkeit. Verlässlichkeit. Pünktlichkeit. Natürlichkeit. Tüchtig. Zielstrebig. Arbeitsam.
- Deutschsprachige Südtiroler in Italien. 3-Sprach-Gruppen. Sprachen.
- Grenzgebiet – offen & engstirnig. Zurückhaltend. Stolz. Selbstbewusst – „klein, aber oho".

Begehrt von Österreich und Italien. Sportlich. Kultur. Authentisch. Land-Leute. Eigenständig. Stylische Menschen. Gastgeber.

Wertschätzung gegenüber Südtirolern wird dadurch zum Ausdruck gebracht, dass man sich ihren Verhaltensweisen weitestgehend anpasst. Charakteristisch sind die Extravertiertheit und der starke Sinn für zwischenmenschliche Beziehungen, wobei dieser gegen Süden hin noch stärker ausgeprägt ist. Religion und Tradition spielen immer noch eine große Rolle in den Großstädten allerdings weniger. Individualismus wird großgeschrieben, Partikularinteressen werden temperamentvoll vertreten.

Der Italiener ist gastfreundlich und großzügig, familienbetont und hat nach Süden hin zunehmend ein anderes Lebens- und Zeitgefühl. Er hat einen ausgeprägten Sinn für Gesellschaftsformen, gepaart mit starkem Standesbewusstsein. In der Anrede werden gerne Titel (Avvocato, Dottore/Dottoressa, Ingegnere) in großzügiger Weise verwendet, Etikette und Protokoll unterscheiden sich kaum vom zentraleuropäischen Muster.

Was eint Italiener? Zuallererst einmal die Überzeugung, in einem wunderschönen Land zu leben. Zudem spielt bei allen regionalen Unterschieden überall in Italien die Familie eine wichtige Rolle, auch wenn sich diese Institution in einem großen Umbruch befindet. Die Fußballbegeisterung ist ein einigendes Band, das sich durch das ganze Land zieht.

Eine Frage, die immer wieder gestellt wird: Warum nehmen die Italiener das Leben so viel leichter als die nordeuropäischen Nationalitäten? In den fruchtbaren Ebenen in Mittel- und Süditalien, wo jederzeit etwas Essbares wuchs, konnte leichter ein den Genüssen des Lebens zugeneigter Menschentypus entstehen. Ferner konnten sich Kunst und Kultur besser in Gesellschaften entwickeln, die von einem allzu harten Überlebenskampf verschont blieben.

„Rispetto" (Rücksichtnahme) ist wie in Deutschland und Österreich wichtiger als Floskeln. Italiener ziehen ein Gespräch einem Schriftwechsel vor und legen großen Wert auf zwischenmenschliche Beziehungen. Man trifft in Italien immer wieder auf Menschen, die eine Würde ausstrahlen, die sie sicher nicht ihren Lebensumständen verdanken.

Kultur ist nicht gleich Kultur

Interkulturelle Kompetenzen können nicht durch einstudierte Regeln vermittelt werden. Wertschätzung, Respekt und Achtung den Gesprächspartnern gegenüber sollten den Umgang prägen. Wer eine andere Kultur begreift, dass er die Verhaltensweisen ihrer Mitglieder nachvollziehen, voraussehen und seine Kommunikation mit ihnen so gestalten kann, dass deren Wirkung seiner Absicht entspricht, der verhält sich in dieser Kultur kompetent.

Interkulturelle Kompetenz bedeutet jedoch noch mehr: Interkulturell kompetent ist eine Person, deren Bewusstsein der eigenen kulturellen Vorannahmen und Lernerfahrungen so ausgeprägt ist, dass sie auch in unbekannten Gesellschaften kommunikativ kompetent auftritt. Um das zu können, muss man sich mit der eigenen Kultur aufeinandersetzen.

Jede Kultur verfügt über Standards, die uns helfen sollen „sozial verträglich" zu handeln. Kulturstandards

- geben vor, was normal ist und was man wie tun sollte,
- geben Orientierung,
- regeln das Verhalten und schaffen Ordnung,
- stehen nirgendwo geschrieben und werden nicht von allen in derselben Weise verstanden,
- sind im Wesentlichen unbewusst und beeinflussen unser Denken, Fühlen und Handeln,
- sind nicht in Stein gemeißelt, sondern können sich wandeln (aber meist sehr langsam),
- sagen nichts über die Qualität unseres Tuns aus, sondern nur, dass es (fast) alle so machen.

Eigene kulturelle Prägung erkennen

Interkulturelle Kompetenz ist nur möglich, wenn wir uns zunächst selbst an der Nase nehmen und die darauf befindliche „kulturelle Brille" aufmerksam betrachten und kritisch hinterfragen. Denn durch diese Brille, d. h. unsere eigene kulturelle Prägung, betrachten wir die Welt und interpretieren und bewerten die Verhaltensweisen anderer Menschen. Die kulturelle Prägung zeigt sich einerseits recht deutlich in unserem Verhalten, in der Art unserer Kommunikation und offensichtlichen Kulturmerkmalen wie Sitten, Gebräuchen, Tänzen, Kleidung, etc. Andererseits schlägt sie sich aber vor allem in unausgesprochenen und zum Teil auch unbewussten Spielregeln nieder – und hier wird es dann erst anspruchsvoll im interkulturellen Kontext. Denn gerade die „inoffiziellen Spielregeln", die sich unterhalb der sichtbaren Oberfläche befinden, und die daraus resultierenden Verhaltensweisen sowie die Sicht der Dinge bergen eine Menge potenzieller Fettnäpfchen.

Das Eisberg-Modell

Kultur ist …
bewusst / sichtbar = Sachebene

Essen
Kleidung
Umwelt Sitten
Helden Rituale
Begrüßungsrituale Regeln – Normen
Sprache – Worte – Taten – Körpersprache
Kunst – Theater, Musik, Literatur,
Umgangsformen und Verhalten

Bräuche & Traditionen
Status
Tabus und ungeschriebene Gesetze
Motivationen Geschlechterrollen & Verhältnis zu Familie
Beziehung zur Umwelt Werte und Normen
Umgang mit Zeit, Raum, Macht, Unsicherheit, Emotionen, Konflikten etc.
Verpflichtungen und Erwartungen Einstellungen & Denkmuster
Kommunikationsstile & sprachliche Feinheiten
Bedeutung von Armut, Identität, Religiöser Glaube
Ehre, Gerechtigkeit, Freundschaft,
Freiheit, Arbeit etc.
Vorstellungen über
Schönheit, Sünde,
Anständigkeit,
Wahrheit,
Logik
etc.

Kultur ist …
unbewusst / unsichtbar = Beziehungsebene

Kulturelle Sensibilität

In jeder Kultur gibt es ungeschriebene Gesetze und Regeln, deren Beachtung und Einhaltung verlangt werden. Jede Kultur hat Problemlösungen und Erfahrungen hervorgebracht, die sich bewährt haben, auf die man stolz ist und, die man respektiert und akzeptiert sehen will. „Kulturelle Sensibilität", beschreibt die Fähigkeit, sich die innere Logik der fremden Kultur erschließen und somit eine neue, lokal angepasste Verhaltenssicherheit gewinnen zu können.

Alpen-Adria-Kulinarik

Kulinarik hat viel mit Kultur zu tun. Darunter fällt zum Beispiel die Art und Weise, wie wir sprechen, essen und mit anderen umgehen. Und deshalb zeigt die Kulinarik wohl auch am deutlichsten die Besonderheiten einer Region. Sie ist ein Spiegel der Landschaft und Lebensart. Gewachsen über Generationen hinweg, beeinflusst von den Nachbarn und inspiriert von Neuem. Im Alpen-Adria-Raum spielt die Kulinarik für die Menschen eine sehr große Rolle. Regionale Produkte und Köstlichkeiten werden gepflegt und gehegt. Rezepte seit Jahrhunderten bewahrt. Und obwohl Kärnten, Slowenien und Südtirol so unterschiedlich sind, verbindet sie die Liebe zu gutem Essen und Genuss. Wenn Sie also im Alpen-Adria-Raum unterwegs sind, Produzenten über die Schulter schauen oder hausgemachte Spezialitäten aufgetischt bekommen, schätzen Sie die Arbeit dahinter. Vielfach investieren Bauern und Winzer Hunderte von Stunden für einen gefüllten Teller oder ein volles Glas. Bringen Sie Ihnen den entsprechenden Respekt entgegen und lassen Sie sich die Köstlichkeiten auf der Zunge zergehen.

Slow Food Travel Alpe Adria Kärnten

Das Kärntner Gailtal und Lesachtal ist die erste Slow Food Travel Destination der Welt. Ermöglicht wurde das durch engagierte Lebensmittelhersteller, die statt auf Masse lieber auf echtes Handwerk setzen und schon seit jeher die Slow-Food-Philosophie leben. Gerne geben Sie ihr Wissen an andere weiter und öffnen ihre Selchkammern, Reifekeller und Gewölbe für Besucher. Wer all das selbst erleben möchte, klickt online auf die Webseite www.slowfood.travel/de.

Landestypische Spezialitäten

Jedes Tal hat im Alpen-Adria-Raum seine eigenen Gerichte und Spezialitäten. Die Kärntner Kasnudel ist eine davon, die es in unterschiedlichsten Varianten gibt. Jedes Tal hat eine eigene Interpretation. Bereits im Mittelalter wurde die Kasnudel aufgetischt. Weiter im Süden ist die italienische Ravioli eine Abwandlung davon. Aber auch der Kärntner Reindling hat Verwandte bei den Nachbarn. So wird im Friaul die Gubana oder in Slowenien die Potiča in ähnlicher Weise hergestellt. In Kärnten gibt es sogar noch die slowenische Variante in Form der „Pohača".

Typische Kärntner Spezialitäten sind
- Kasnudel
- Laxn (Lachsforelle)
- Sasaka, ein Aufstrich mit feinstem, geräucherten Schweinespeck und Gewürzen
- Gelbe Suppe oder Kirchtagssuppe
- Gailtaler Almkäse
- Glocknerlamm
- Lesachtaler Brot
- Jauntaler Hadn oder Buchweizen

- Der Reindling gilt als besondere Kärntner Süßspeise, zu Ostern wird er aber auch als Beilage zu Osterschinken und Eiern oder Eierkren gereicht.

Typische slowenische Spezialitäten sind
- Krainer Wurst
- Potica, Festtagskuchen
- Gibanica – Süßspeise aus Topfen
- Pršut - Schinken aus dem Karst
- Štruklji – salzig oder süß, Teig gefüllt mit Topfen, Mohn etc.

Typische Südtiroler Spezialitäten sind
- Schüttelbrot und Vinschgauer
- Schlutzkrapfen
- Strauben
- Weinsuppe
- Törggelen
- Knödeln
- Marende (Jause, im Lesachtal heißt das Morende). Die Marende ist eine Jause am Nachmittag. Die Jause am Vormittag heißt hingegen „Halbmittag oder Neunern". Beide Zwischenmahlzeiten stammen aus Zeiten, als noch schwere körperliche Arbeit den Alltag prägte. Wie überall in Italien und somit auch in Südtirol bestellt kein Einheimischer ab dem späten Vormittag noch einen Cappuccino – allerhöchstens als Begleitung eines Kuchens am Nachmittag. Der Kaffee mit der aufgeschäumten Milch sei ein Frühstücksgetränk und sollte, ähn-

lich der bayerischen Weißwurst, das Zwölfeläuten nicht hören, finden Luisa Righi und Stefan Wallisch aus Südtirol.

Im Restaurant

Regionale Lebensmittel und eine gute Zubereitung sind aber längst nicht alles, was zu einer Tischkultur gehört. Auch das Wissen um die Aufgaben der Gastgebenden und Gäste, zeitgemäße Tischsitten und Genussrituale gehören dazu. Die Wertschätzung, die wir dem Kochen und Zubereiten von Essen heute geben, müssen wir auch dem Essen durch zeitgemäße Tischmanieren wieder geben.

Tischkultur gehört einfach zu einem guten Essen. Denn erst durch die Wertschätzung von Essen, Gemeinschaft, Tischgespräch und Tischmanieren wird es zu etwas Besonderem. Tischwäsche, Besteck, Servietten und Gläser sind ein Teil davon. Aber auch das Nachdenken über die Bedeutung von Essen zählt dazu. Denn wie können wir heute über tolles Essen, Kochen, Regionalität und gesunde Küche reden, wenn wir uns nicht mal mehr an einen Tisch setzen, um gemeinsam zu essen und die Tischsitten unserer Kultur pflegen?

Nachhaltigkeit und Qualität brauchen Achtsamkeit. Deshalb sind Tischsitten und Tischkultur heute wichtiger denn je. Und sie tragen sogar ein Stück weit zu einer gesunden Ernährung bei: Sitzhaltung, langsames Essen und ordentliches Kauen wirken sich nämlich äußerst positiv auf die Gesundheit und das Miteinander aus. Nur haben wir verlernt, uns dafür die Zeit zu nehmen. Ein gemeinsames Essen kann ganz bewusst für Gespräche und das Festigen von Beziehungen genutzt werden. Deshalb kann ein Vier-Gänge-Menü auch mal zwei Stunden oder in Südtirol weit aus länger dauern. Es verbindet die Menschen und fördert den Austausch untereinander. Deshalb sehen Sie jedes gemeinsame Essen als Chance, um einen Menschen näher kennen zu lernen und eine genussvolle Zeit miteinander zu verbringen. Auch im Restaurant.

Ein Restaurantbesuch, vor allem bei offiziellen Einladungen oder mit Geschäftspartnern, erfordert eine entsprechende Vorbereitung, um einen professionellen Eindruck zu hinterlassen. Für besondere Anlässe ist es wichtig, ein Restaurant zu wählen, dass sie selbst kennen. Nur so kann man sicher gehen, dass die Qualität der Speisen, der Service und die räumlichen Gegebenheiten passen.

Eintreffen

Der perfekte Auftritt beginnt vor der Tür des Restaurants: Der Mann oder Gastgeber öffnet der Frau bzw. dem Gast die Tür. Wo es möglich ist, lässt der Mann der Frau beziehungsweise der Gastgeber dem Gast den Vortritt. Die Frau bzw. der Gast betritt das Restaurant, tritt dann einen Schritt zur Seite und wartet, bis der Mann bzw. der Gast die Führung übernimmt. An der Garderobe hilft der Mann zuerst der Frau aus dem Mantel und übergibt ihn dem Servicemitarbeiter. Danach zieht er seinen eigenen Mantel aus. Müssen sich die Gäste selbst einen Tisch aussuchen, übernimmt der Mann oder der Gastgeber die Führung. Werden Sie vom Servicemitarbeiter zu einem Tisch geführt, geht die Frau gleich hinter diesem und der Mann bildet den Schluss. Beim Tisch angelangt, ist der Mann der Frau behilflich und rückt ihr den Stuhl zurecht, der Servicemitarbeiter hingegen ist dem Mann behilflich – vorausgesetzt alle Beteiligten wissen Bescheid.

Tischordnung
Nach internationalen Gepflogenheiten ist der Ehrenplatz rechts neben dem Gastgeber oder der Gastgeberin. In Österreich kann der männliche Ehrengast auch links neben der Gastgeberin sitzen. Er ist dann ihr Tischherr und übernimmt die Pflicht, ihr beim Platznehmen den Stuhl zurechtzurücken, aufzustehen, wenn sie den Tisch verlässt und wieder zurückkommt. Er ist aufmerksam, sorgt dafür, dass seine Tischdame immer etwas zu trinken hat und er verwickelt sie in ein angenehmes Tischgespräch.

Der Gastgeberin gegenüber sitzt der Gastgeber; die ranghöchste Frau nimmt den Platz an seiner rechten Seite ein, während der Ehrenplatz links von der Gastgeberin dem ranghöchsten Herrn zusteht. Die beiden weiteren Ehrenplätze rechts der Gastgeberin und links vom Gastgeber sind für die rangnächsten Gäste reserviert. Beim Verlassen des Tisches gehen immer die Frauen voraus zur Garderobe. Der Mann zieht sich nun seinen Mantel zuerst an und hilft dann der Frau in den Mantel. Die Servicemitarbeiter sollten dem Mann jederzeit die Gelegenheit geben, seiner Begleiterin aus dem Mantel oder in den Mantel zu helfen. Erst wenn ein Mann gar nicht reagiert, kann der Servicemitarbeiter diese Aufgabe übernehmen.

Empfang und Aperitif

Je angenehmer die Atmosphäre beim Aperitif, desto größer ist die Chance, dass die Gäste sich wohlfühlen, gute Gespräche stattfinden, interessante Kontakte geknüpft werden und diese positive Stimmung sich auch während des Essens fortsetzt. In dieser Zeit sollten bereits Visitenkarten ausgetauscht werden, damit Sie die Personen gut zuordnen können und die Gäste informiert sind, wer anwesend ist. Wird der Aperitif im Stehen eingenommen, nimmt der Gast das Glas nicht mit zum Tisch. Anstoßen oder zuprosten? Heute stoßen wir nur bei besonderen Anlässen wie Jubiläen, Geschäftsabschlüsse, Hochzeitsempfang oder Silvester mit Gläsern an, die einen Stiel haben – jedoch nur einmal.

Bestellung

Der Gastgeber muss heute nicht mehr für seine Gäste mit bestellen, aber er kann es tun. Die Gäste bestellen heute meist selbst und immer vor dem Gastgeber. Daher ist es die Aufgabe des Gastgebers oder der Gastgeberin eine entsprechende Empfehlung für Ihre Gäste auszusprechen. Diese umfasst sowohl die Anzahl der Gänge als auch den Preisrahmen.

> TIPP: Sie geben Empfehlungen für bestimmte Speisen bzw. Spezialitäten des Hauses ab. Sie sagen, was sie selbst essen möchten und nehmen Rücksicht auf die Essgewohnheiten Ihrer Gäste. Ein Beispiel: „Ich nehme hier sehr gerne einen Salat als Vorspeise, weil …" Besonders empfehlen, kann ich Ihnen hier …". Damit geben Sie Ihrem Gast einen Tipp und daran kann er sowohl die Preislage als auch die Anzahl der Gänge erkennen. Wenn Sie als Gastgeber fragen: „Welche Vorspeise möchten Sie?", ist klar, dass eine im Budget enthalten ist. Fragen Sie dagegen: „Möchten Sie eine Vorspeise?", wissen die Gäste nicht, wie viele Gänge geplant sind. Bei einem offiziellen Essen, zu dem eine Frau eingeladen hat, übernimmt diese alle Pflichten, die sonst der männliche Gastgeber hat – außer den Gästen den Stuhl zu Recht rücken und in den Mantel helfen.

Die „Gästekarte" enthält keine Preise und wir finden diese vorwiegend in der gehobenen Gastronomie. Früher wurde die Karte als „Damenkarte" bezeichnet.

Rechnung
Idealerweise begleichen Sie die Rechnung im Restaurant diskret mit Kreditkarte oder in bar am Empfang. Die Frau als Gastgeberin sollte bereits bei der Reservierung darauf aufmerksam machen, dass nur sie die Rechnung bezahlen möchte. Damit entstehen am Tisch keine Missverständnisse. Ganz unkompliziert ist, sich die Rechnung ins Unternehmen schicken zu lassen.

„GoingDutch" bedeutet, bei einer Gruppe bezahlt jede Person ihren Anteil separat. In manchen Situationen ist es passend, in anderen kann es sehr irritierend wirken. Grundsätzlich sagt man, die Person, die zum Termin einlädt, übernimmt die Rechnung. Heute ist es schon (fast) selbstverständlich, dass auch im privaten Bereich, die Frau den Mann einladen kann. Tipp: Im privaten wie im geschäftlichen Kontext soll der Gast nicht mitbekommen, wie hoch die Summe ist!

Trinkgeld
Bei der Bezahlung mit der Kreditkarte geben Sie das Trinkgeld am besten in bar. In Österreich gelten folgende Empfehlungen: In einem normalen Restaurant geben Sie sieben bis zehn Prozent vom Rechnungsbetrag als Trinkgeld im Haubenrestaurant drei bis fünf Prozent. Ansonsten gilt im deutschsprachigen Raum als Faustregel: 10 Prozent sind in Hotel und Restaurant (auch für Taxi und Dienstleistung) meist richtig, sofern keine „Servicecharge" auf der Rechnung extra ausgewiesen ist. Auch in Slowenien orientiert man sich an dieser

Empfehlung. Für Südtirol gilt diese Empfehlung auch, obwohl sie vom italienischen Gast eine andere Sitte gewohnt sind. In Italien, beziehungsweise in allen Provinzen südlich von Südtirol, ist Trinkgeld deshalb nicht üblich, weil man im Regelfall im Restaurant ein „Coperto" bezahlt. Dieses Coperto wird auf der Rechnung separat ausgewiesen und ist eine Pauschale für Leistungen wie Bedienung, Tischdecke, Besteck und Brot. Je nach Restaurant werden hier pro Gast meist Beträge von zwei bis drei Euro verrechnet.

Die Rolle als Gastgeberin und Gastgeber
Unternehmer, Führungskräfte, Mitarbeiter bis hin zum Lehrling – jede und jeder sollte sich als Gastgeber fühlen, sich entsprechend verhalten und je nach Position Verantwortung übernehmen. Verhalten Sie sich wie im privaten/gesellschaftlichen Bereich und empfangen, begrüßen, bewirten und verabschieden Sie Ihre Gäste mit der selbstverständlichen Aufmerksamkeit, die man von Gastgeberinnen und Gastgebern erwartet. Beim Hinausgehen verabschiedet sich die Gastgeberin oder der Gastgeber bei den Gästen und organisiert bei Bedarf noch ein Taxi.

Die Frau als Gastgeberin
Frauen müssen auch im Restaurant die Rolle der Gastgeberin zu 100 Prozent erfüllen, damit der Service sofort erkennt, wer hier verantwortlich ist und die Gäste sich wohlfühlen. Die Gastgeberin übernimmt alle Auf-

gaben, die auch der männliche Gastgeber hat. Mit zwei Ausnahmen: das Abnehmen der Garderobe und das Zurechtrücken des Stuhls beim Ankommen. Sie ist die alleinige Ansprechperson für den Service, und falls Reklamationen für ihre Gäste erforderlich sind, ist auch das die Aufgabe der Gastgeberin. Manchmal ist es noch notwendig den Service im Vorfeld zu informieren, dass Sie als Frau die Gastgeberin sind und daher auch den Probeschluck beim Wein machen.

Businesslunch in Slowenien

Der Businesslunch ist in Slowenien wichtig, sollte aber nicht zu lange dauern. Maximal 1,5 Stunden reichen. Für einen Kaffee ist immer Zeit, dazu setzt man sich auch im Vergleich zu Italien hin. In Italien wird der Kaffee meist an der Bar getrunken. Separates Bezahlen ist in Slowenien nicht üblich. Höfliche Gesten sieht man in Slowenien nicht so offensichtlich wie in Österreich. Die Umgangsformen sind nicht so stark geschliffen, da durch den Kommunismus alle gleich waren. Ab und zu ist noch bei Stammtischen folgende Kuriosität zu hören: Wenn eine Frau zum Tisch kommt, an dem nur Männer sitzen, dann heißt es: „Jetzt sind wir Menschen!" Und sofort wird das Niveau der Manieren angehoben.

Gelebter kulinarischer Genuss in Südtirol/Italien

Im italienischen Business spielt das Essen eine große Rolle. Vor allem auch in Südtirol. Gäste und Geschäftspartner müssen den kulinarischen Genuss leben können und sich dafür ausreichend Zeit nehmen. Die Tischkultur im offiziellen Italien entspricht völlig der österreichischen Etikette, jedoch sieht man korrekte Tischmanieren selbst in Restaurants der obersten Preisklasse etwas seltener als in Österreich.

Beim Essen sagen Sie nicht „Buon Appetito". Sie fangen mit dem Essen an, wenn alle bei Tisch sitzen oder der Gastgeber mit dem Essen beginnt. Bei Einladungen in privaten Haushalten sollten Sie einen Kaffee annehmen, wenn dieser angeboten wird. Wenn man mit Südtirolern nach dem Mittagessen einen Kaffee bestellt, dann sollte das ein Caffè oder Macchiato sein. In Österreich wird gerne ein Cappuccino oder ein Caffélatte bestellt – diese Getränke werden in Südtirol nur am Vormittag getrunken. Es wird nach wie vor gern gesehen, wenn der Mann bei Geschäftsterminen bezahlt.

Rauchen

Rauchen beim Essen ist immer eine heikle Sache, insbesondere wenn es sich um einen offiziellen Termin handelt. Grundsätzlich kommt es darauf an, ob im jeweiligen Land in einem Lokal geraucht werden darf oder nicht. Wenn ja, besteht die letzte Gelegenheit dazu vor dem Essen beim Aperitif, falls dieser an der Bar und nicht am Tisch serviert wird. Während des Essens wird nicht geraucht. Man verlässt auch in Menüpausen nicht den Tisch, um schnell eine Zigarette zu rauchen. Offiziell sollte erst nach dem Dessert geraucht werden. Aschenbecher sind nur für Asche, Kippen und Streichhölzer da – nicht für Teebeutel, Kaugummi oder abgebrochene Zahnstocher.

In Österreich gibt es seit 2004 ein Nichtraucherschutzgesetz für die Gastronomie. Seit der Novellierung 2008 darf in öffentlichen Räumen nicht mehr geraucht werden. In Lokalen gibt es eigene Bereiche für Raucher und Nichtraucher. Weiters gibt es Lokale ausschließlich für Raucher oder Nichtraucher. Diese sind von außen gekennzeichnet. Ab November 2019 soll es in der österreichischen Gastronomie ein generelles Rauchverbot geben.

In Slowenien ist das Rauchen in öffentlichen Räumen nicht erlaubt. Gesellschaftlich wird Rauchen allmählich „rausgedrückt". Rauchen auf der Straße, wie das in Italien häufig sichtbar ist, ist eher selten.

Rauchen in Italien ist seit 2005 in öffentlichen Räumen verboten. Zur Überraschung aller hat sich diese Regelung sehr schnell und gut durchgesetzt. Italiener sind sehr diszipliniert. Wer in einem Restaurant, einer Bar oder einem Hotel rauchen möchte, raucht im Freien. Mittlerweile sind die Italiener schon so sensibilisiert, dass sie sogar im Freien – auf Terrassen – auf eine strikte Trennung achten.

Handy

Das Smartphone begleitet uns ständig. Doch gibt es Situationen, die wichtig genug sind, um es auszuschalten bzw. auf lautlos zu stellen. Wertschätzung für einen Menschen erkennt man daran, ob das Handy während eines Gesprächs ausgeschaltet beziehungsweise auf lautlos gestellt wird. Damit richten wir die ganze Aufmerksamkeit auf unseren Gesprächspartner und werden nicht durch eingehende SMS und E-Mails abgelenkt. Sehr unhöflich ist es, während eines Gesprächs eine Nachricht zu lesen oder gar zu beantworten.

In Slowenien und Italien bleibt das Handy bei einem Geschäftstermin meist eingeschalten. Bei öffentlichen Veranstaltungen wie Konzert oder Theater wird vor Beginn eine Durchsage gemacht, dass das Handy ausgeschaltet werden muss – gleich wie in Österreich. Allerdings wird Beruf und privat weniger strikt getrennt als in Österreich. Daher kann es auch vorkommen, dass Geschäftspartner am Abend oder Wochenende anrufen. Es ist üblich, jederzeit erreichbar zu sein.

Geschenke & Blumen

Ob Sie sich für die gute Zusammenarbeit bedanken möchten, ein Jubiläum gefeiert wird - Geschenke und Blumen erhalten die Freundschaft und sind ein Ausdruck der Wertschätzung. Sie werden mit der linken Hand überreicht. Die rechte bleibt zum Begrüßen, Beglückwünschen und Bedanken frei.

Kundengeschenke sollten immer mit einer Karte überreicht werden, damit sie dann später auch zugeordnet werden können und damit werden die Glückwünsche auch schriftlich übermittelt. Die Verpackung sollte dem Geschenk entsprechen – nicht zu üppig und nicht zu schmucklos. Im Geschäftsleben sollten Werbegeschenke nur zu entsprechenden Anlässen geschenkt werden.

Wenn Sie Ihren Kunden oder Freunden gerne Geschenke mitbringen, empfiehlt es sich, sich eine Geschenkkartei anzulegen. Damit wissen Sie immer, wer welches Geschenk schon bekommen hat oder wem sie mit welchem Geschenk eine Freude bereiten können.

Blumen kann man – je nach Anlass und Situation – im Vorhinein schicken, mitbringen oder im Nachhinein schicken. Wenn die Blumen in Seidenpapier eingewickelt sind, packen Sie die Blumen aus, bevor sie überreicht werden. In Zellophan verpackte Blumen oder kunstvoll arrangierte Sträuße werden nicht ausgepackt.

Ungerade Zahlen sind heute nicht mehr zwingend nötig. 13 Blumen verschenkt man allerdings nicht, da viele Menschen abergläubisch sind und die 13 für sie eine Unglückszahl ist. Der Grund für die ungerade Zahl ist, dass sie sich in der Vase besser arrangieren lassen.

Blumensprache in Österreich

Rote Rosen werden nur im privaten Kontext geschenkt – sie werden immer mit Liebe assoziiert. Besonders bei weißen Lilien, Callas, Hortensien, Astern und Chrysanthemen ist Vorsicht geboten. Sie gelten heute noch bei vielen als Friedhofsblumen. Sträuße für weniger vertraute Personen sollten Sie aus mehreren Blumensorten zusammenstellen. In einem gemischten Strauß mit Freesien, Anemonen, Tulpen und/oder anderen Frühlingsboten verliert sich die Symbolik „Zärtlichkeit" der entsprechenden Blumensorten.

Auch Rosen können Sie durch gemischte Gebinde „geschäftsfähig" machen. Außer bei roten Rosen: Einzelne, in einem sonst aus mehreren Sorten zusammengestellten Bouquet, behalten ihre Aussagekraft! Einige gelbe Rosen hingegen, in einem sonst in gelb-weiß gehaltenen Strauß aus verschiedenen Sorten, werden kaum Negativassoziationen wecken. Auch beispielsweise eine Komposition mit lachsfarbenen Gerbera und Rosen sowie anderem farblich abgestimmtem Beiwerk ist eine gute Möglichkeit, Rosen ohne Fettnäpfchengefahr zu verschenken.

Einladungen und Gastgeschenke in Italien

In Italien wird gern eingeladen! Sind Sie in einem Privathaus eingeladen, ist es empfehlenswert, einen Blumenstrauß (keine Chrysanthemen) mit einer Grußkarte am Tag vor dem Ereignis an die Hausherrin zu schicken, damit sie die Blumen für das Fest arrangieren kann. Sind Sie gezwungen, im letzten Moment die Einladung aus unvorhersehbaren Gründen abzusagen, dann ist ein Blumenstrauß obligatorisch.

Als Gastgeschenke eignen sich ausgesuchte Mitbringsel sowie Geschenke für die Kleinen. Damit liegen Sie bei den Kinder liebenden Italienern nie falsch. Mit zehnminütiger Verspätung zu einem Abendessen einzutreffen ist nicht problematisch, sollte aber trotzdem vermieden werden. Zwanzig Minuten hingegen sind schon sehr unhöflich. Werden sehr viele Gäste erwartet, dann ist eine Verspätung von einer halben Stunde nicht beleidigend.

Gastgeschenk in Slowenien

In Slowenien gibt es sehr viele Kleinwinzer, die ihren eigenen Wein anbauen. Einem Gast wird so gut wie immer ein hausgemachter Wein aufgetischt. Das ideale Gastgeschenk für Slowenen sind kulinarische Genüsse aus der eigenen Heimat oder kleine Mitbringsel, die man ideal mit dem Gläschen Wein verbinden kann.

Betriebsfeste

Betriebsfeste sind in Österreich sehr beliebt – vor allem zu Weihnachten. Das ganze Jahr über haben Sie an Ihrem guten Ruf gearbeitet. Zerstören Sie Ihr professionelles Image nicht durch eine plötzliche Veränderung Ihres Erscheinungsbildes. Falls kein Dresscode auf der Einladung angegeben ist, erkundigen Sie sich, denn underdressed ist genauso unpassend wie overdressed. Bleiben Sie komplett angezogen, denn „je mehr Stoff, desto mehr Autorität". Als Mann sollten Sie das Sakko, wenn überhaupt erst nach dem offiziellen Teil ablegen.

Tischsitten und Tafelkultur

Man kann die Welt in vielerlei Weise aufteilen, nach Machtblöcken und Einflusssphären, nach Kontinenten und Himmelsrichtungen, aber auch nach Essen mit den Fingern, mit Stäbchen und mit Messer und Gabel. Etwa ein Sechstel der Weltbevölkerung isst mit Messer, Gabel und Löffel. Ein Drittel benutzt Stäbchen. Die Hälfte jedoch isst mit den Fingern. Mit Stäbchen isst man in Fernost seit drei- bis viertausend Jahren mit Messer und Gabel in Europa seit etwa drei- bis vierhundert Jahren.

Sitzhaltung

Während des gesamten Essens achten Sie auf eine gerade Haltung bei Tisch. In unserem Kulturkreis ist es üblich, dass beide Hände stets sichtbar sind und nur die Handflächen und nicht die Ellenbogen den Tisch berühren. Die Beine sind am Boden und werden nicht überkreuzt oder um die Stuhlbeine gewickelt. Durch eine gerade Körperhaltung wirken Sie achtsamer und aktiver am Tischgespräch beteiligt.

Bestecke und Gläser

Der Service deckt die Bestecke von innen nach außen ein. Der Gast benutzt sie von außen nach innen. Links liegen maximal drei Gabeln, von denen die mittlere Gabel einen Zentimeter hochgezogen liegen kann. Auf der rechten Seite liegen maximal vier Besteckteile, nämlich Messer, Löffel und eventuell Gourmetlöffel und/oder Fischmesser. Zusätzlich benötigte Hilfsbestecke oder Spezialbestecke wie Hummer-, Austerngabel, Schneckengabel, Hummerzange sowie die kleine Gabel für das Amuse-Gueule werden schräg rechts eingedeckt. Sowohl Besteck als auch Teller werden immer mit einem Zentimeter Abstand vom Tischrand eingedeckt.

In manchen Restaurants werden Löffel und Gabel mit der Wölbung nach oben eingedeckt. Die Gabelzinken liegen auf der Tischdecke. Dies stammt aus der Zeit als Familiensilber mit Gravur verwendet wurde.

Der Gourmetlöffel wird in der gehobenen Gastronomie verwendet: Entweder zum Fischbesteck (rechts neben dem Fischmesser), das bedeutet, dass der Gast einen Fisch mit Soße erhält und damit die Soße auch auf löffeln kann; oder es werden nur Gourmetlöffel und Fischgabel eingedeckt, dann wird der Gourmetlöffel sowohl zum Zerteilen als auch für die Soße benutzt. Liegt der Gourmetlöffel oberhalb des Tellers, wird er für das Dessert verwendet.

Bevor der Service das Dessert serviert, wird der Platz von Bröseln befreit und das Dessertbesteck vom Service heruntergezogen.

Gläser, die einen Stiel haben, greift man nur am Stiel an und nie am Kelch.

Das Buffet

Es ist eine besondere Form der Speisenpräsentation und erfreut sich bei den Gästen nach wie vor großer Beliebtheit. Statt der herkömmlichen Menüfolge – Vorspeisen, Hauptgericht, Dessert – werden bei einem Buffet alle Speisen gleichzeitig aufgetragen. Allerdings werden Platten, Schüssel & Co auch in dieser Reihenfolge platziert. Die Buffetarten sind vielfältig: vom Frühstück- über Lunch- und Salat- bis zum Dessertbuffet.

Im Idealfall sind Besteck, Servietten und Gläser bereits auf den Tischen eingedeckt, damit der Gast beide Hände frei hat, um sich am Buffet zu bedienen. Statt sich Teller übervoll zu beladen, bietet ein Buffet die Möglichkeit, mehrmals zum Buffet zu gehen. Die Reihenfolge sollte einhalten werden und holen Sie nicht zuerst das Dessert. Das Buffet zu eröffnen obliegt dem Gastgeber oder der Gastgeberin und wird von den Gästen auch erwartet.

Beim Flying Buffet werden die Speisen in Schälchen und Gläsern oder auf kleinen Tellern serviert, und sobald sie leer sind, werden sie vom Service gleich wieder eingesammelt. Kleine Löffel oder Gabeln sowie Servietten werden dem Gast gereicht. Oft handelt es sich auch um Fingerfood.

Das sollten Sie bei einem Buffet vermeiden:
- Zum Buffet gehen, bevor es eröffnet wurde.
- Vordrängeln, um schneller zu sein als andere Gäste.
- Schon am Buffet oder auf dem Weg zum Tisch essen.
- Zu viel auf den Teller laden.
- Unappetitliches Durcheinander auf dem Teller.
- Speisen wie Brot und Gebäck bitte immer auf einen Teller legen und NIE nur mit der Hand zum Tisch tragen.

Best of der häufigsten Fragen und Antworten bei Tisch

Was bedeutet Kuvert, Coperto oder Couvert?
Das Kuvert besteht aus Serviette, Gebäck und Butter. Dafür wird dem Gast in einigen Restaurants der Kuvertpreis berechnet und ist vor allem in Italien sehr verbreitet. Der Kuvertpreis wird in der Speisenkarte extra angeführt. Anstelle von Butter werden auch Aufstriche serviert. In der Gastronomie wird immer häufiger feines Olivenöl serviert und dazu Weißbrot/Baguette eingestellt. Das Olivenöl kann man auf den Brotteller träufeln und mit einem Stück Weißbrot aufnehmen. In mediterranen Ländern wird das Brot meist erst nach der Hauptspeise abserviert, da man Weißbrot zu Fleischspeisen oder Fisch isst. In Österreich servieren wir zu Fleisch und Fisch meist Sättigungsbeilagen wie Kartoffel, Reis und Nudel und daher essen wir kein Brot mehr zur Hauptspeise. Somit wird in Österreich meistens das Brot und der Brotteller vor der Hauptspeise abserviert.

Wo liegt während des Essens die Serviette?
Sobald die Gastgeberin (wenn Gastgeberin und Gastgeber anwesend sind, wenn es nur einen Gastgeber gibt, übernimmt er die Aufgabe) die Serviette vom Tisch nimmt, tun dies auch die Gäste. Gibt es keinen offiziellen Gastgeber, kann die Serviette sofort nach dem Platznehmen auf die Oberschenkel oder flach neben den Teller gelegt werden. Sie liegt während des Essens zur Hälfte gefaltet – die offene Seite zum Körper hin – auf den Oberschenkeln. Wenn die Gäste während ei-

ner Menüpause den Tisch verlassen, wird die lose zusammengelegte Serviette bevorzugt links, aber auch rechts oder in der Mitte (je nach Platzangebot) auf dem Tisch abgelegt.

Verwenden Sie während eines Essens vor jedem Trinken die Serviette, um sich die Lippen abzutupfen. Damit vermeiden Sie, dass Fettränder oder Lippenstiftspuren an Gläsern und Tassen bleiben. Fällt die Serviette hinunter, fragen Sie den Servicemitarbeiter nach einer neuen Serviette. Aus hygienischen Gründen sollte eine Serviette, die schon am Boden lag, nicht mehr auf den Tisch zurückgelegt bzw. verwendet werden. Das gilt übrigens auch für Besteckteile. Nach dem Essen wird die Serviette lose gefaltet auf der linken Seite Ihres Gedecks abgelegt.

Sollte man mit dem Wasserglas anstoßen?
Ja, aber nur wenn Sie sich Wasser in Ihr Weinglas einschenken lassen. Für Gäste, die keinen Alkohol trinken (wollen), empfiehlt es sich, um keine großen Erklärungen abgeben zu müssen.

Wer beginnt mit dem Essen?
Wenn es Gastgeberin und Gastgeber gibt, dann eröffnet die Gastgeberin das Essen. Grundsätzlich genügt es, dass die Gastgeberin das Besteck in die Hand nimmt - wenn alle Teller eingestellt sind – und einen Blick in die Runde macht. Das wäre das Zeichen, mit dem Essen zu beginnen. Natürlich kann sie auch „Mahlzeit" oder „Guten Appetit" wünschen.

Wie legt man das Besteck ab, wenn man das Essen unterbricht bzw. beendet?

Wenn Sie eine Pause machen, dann legen Sie Messer und Gabel über Kreuz auf Ihrem Teller ab. Damit signalisieren Sie dem Service, dass Sie noch nicht fertig sind. Wenn Sie Ihr Essen beendet haben, dann werden Messer und Gabel parallel am rechten Tellerrand abgelegt.

Ist es korrekt, wenn man die Brösel vom Tisch wischt?

Nein, das machen Gäste nicht. In der gehobenen Gastronomie macht der Service nach der Hauptspeise den Platz mithilfe einer Stoffserviette und einem Dessertteller, einer Bröselabziehklinge oder einem kleinen Tischbesen mit Schaufel aus Silber wieder sauber. Dann wird grundsätzlich erst das Dessertbesteck nach unten gezogen.

Was ist eine Fingerschale oder Fingerbowl?

Ein Gefäß mit lauwarmem Wasser und einer Zitronenscheibe – eingestellt auf einem Teller mit Serviette. Dies ist das Signal für den Gast das der nächste Gang zum Teil mit den Fingern gegessen werden kann. Wenn Sie Ihre Finger in der Fingerschale säubern, dann verwenden Sie zum Abtrocknen Ihrer Finger die Serviette, die unter dem Gefäß liegt und nicht die Serviette, die auf Ihren Oberschenkeln liegt. Dabei wird die Serviette nicht unter dem Gefäß hervorgezogen. Meist ist die Form der Serviette eine Seerose und Sie können daher problemlos an den „Blättern" Ihre Finger reinigen.

Welches Geflügel isst man im Restaurant zum Teil mit den Fingern?

Taube, Wachtel und Stubenküken können im Restaurant zum Teil mit den Fingern gegessen werden. Backhuhn sowie Gans und Ente sollten am gedeckten Tisch immer mit Messer und Gabel gegessen werden.

Schneidet man Salat, Kartoffel, Pasta, Gemüse und Knödel mit dem Messer?

Salat und Gemüse darf man heute im Gegensatz zu früher schneiden, weil die Messerklingen nicht mehr anlaufen und Gemüse bissfest zubereitet wird. Je nach Zubereitungsart können Erdäpfel geschnitten werden. Salzkartoffel und Knödel zerteilt man mit der Gabel. Pasta (Spaghetti & Co) werden nur mit der Gabel gegessen. Wenn Sie ungeübt sind, dann fragen Sie nach einem Löffel. Zerschneiden Sie jedoch nie Spaghetti & Co mit dem Messer! Und schon gar nicht in Südtirol oder Italien.

Wie geht man mit Suppenteller und Bouillontasse um?

Früher war es üblich, dass gebundene Suppen im Suppenteller und klare Suppen in der Bouillontasse serviert wurden. Heute wird das sehr unterschiedlich gehandhabt.

Die Neige darf bei der Bouillon auch getrunken werden, dazu greift man die Tasse an den Henkeln an. Um den letzten Rest aus dem Suppenteller zu löffeln, neigt man ihn zur Tischmitte hin.

Nimmt man Obstkerne, Gräten oder Knochen mit der Hand aus dem Mund?

Grundsätzlich werden Kerne, Gräten oder kleine Knochen mit der Gabel beziehungsweise dem Löffel aus dem Mund genommen. Feine Fischgräten kann man notfalls auch mit den Fingern der linken Hand aus dem Mund nehmen.

Benutzt man bei Tisch den Zahnstocher?

Zahnstocher sollten heute nicht mehr bei Tisch verwendet werden, auch wenn sie noch am Tisch stehen. Wenn Sie etwas zwischen den Zähnen haben, nehmen Sie sich den Zahnstocher (oder fragen danach) und verlassen den Tisch. Vor dem Spiegel im Waschraum finden Sie heute schon in vielen Restaurants einzeln verpackte Zahnstocher.

Was bedeutet „Amuse-Gueule" und „Amuse-Bouche"?

Im deutschsprachigen Raum wird Amuse-Gueule oder Amuse-Bouche als Gruß aus der Küche bezeichnet. Es handelt sich um ein appetitanregendes, kleines Gericht, das vor dem Essen serviert wird.

Darf man die (essbare) Dekoration auf dem Teller essen?

Ja, denn alles, was auf den Teller kommt, muss auch essbar sein.

Sollte man Brot in die Soße tunken oder den Teller damit sauber wischen?

Im deutschsprachigen Raum gilt es als unfein, Soßenreste mit Brot aufzutunken oder den Teller damit sauber zu wischen. Die einzige Ausnahme: in Österreich ist es üblich, den Gulaschsaft mit der Semmel aufzutunken. In Italien wie auch in anderen mediterranen Ländern wird Weißbrot zu Fleisch- und Fischspeisen gegessen. Oft wird Weißbrot zum Aufschieben von Speisen auf die Gabel, aber nicht unbedingt zum Tunken verwendet.

Dürfen Linkshänder das Besteck in der Hand wechseln?
Ja. Linkshänder können das Besteck bei jedem einzelnen Gang in der Hand wechseln. Gläser, Brotteller und Salatteller bleiben jedoch an ihrem Platz stehen.

Sollte man während des Essens den Tisch verlassen und bei wem muss man sich entschuldigen?
Den Tisch verlassen, um zu rauchen, ist sehr unhöflich, denn der Nachbar oder die Gastgeber „riechen" nach der Rückkehr den Grund des Verschwindens. Der einzig akzeptable Grund wäre der nötige Gang zur Toilette. Hier entschuldigt man sich kurz bei der „Tischdame" oder dem „Tischherrn" bzw. den Nachbarn.

Darf man sich die Essensreste einpacken lassen und mit nach Hause nehmen?
Viele Restaurants bieten ihren Gästen bereits an, Reste einzupacken, um Küchenabfälle zu reduzieren. In bürgerlichen und aristokratischen Kreisen war es frü-

her üblich, nicht alles aufzuessen, um zu zeigen, dass an Lebensmitteln kein Mangel herrschte. So nährten Speisereste einst auch Angestellte und sogar Bettler, die draußen warteten. Heute ist das natürlich anders. Grundsätzlich gilt, bezahltes und bestelltes Essen im Restaurant darf eingepackt werden, genauso ein komplett bezahltes Buffet bei Familienfeiern. Allerdings gilt das nicht für Buffets mit festem Preis wie der Sonntagsbrunch. Wer seine Reste einpacken möchte, bittet das Servicepersonal um eine Folie oder eine Box. Bitte nicht das halbe Schnitzel in die Serviette einrollen und „unauffällig" in der Handtasche verschwinden lassen.

Moderne
Umgangsformen

Gepflegte und zeitgemäße Umgangsformen gelten heute nach wie vor als Zeichen einer ausgebildeten Persönlichkeit. Sie signalisieren das Interesse an einem zivilisierten Umgang mit Menschen und zeigen damit Respekt und Achtung vor anderen Personen. Gepflegte Umgangsformen wirken dann angenehm auf das Umfeld, wenn sie aus der natürlichen Haltung dieser Person entspringen.

Begegnungen mit Menschen beginnen immer mit einem Begrüßungsritual und enden mit einer Verabschiedung. Bekannt oder unbekannt, bewusst und/oder unbewusst wird die Begrüßung von einer Geste begleitet. Ob Kopfnicken, Händedruck, Wangenkuss, Umarmung oder Verbeugung hängt nicht nur von der jeweiligen Situation (beruflich, privat oder auf Reisen) und den Menschen, sondern auch von der Region oder dem Land ab.

Grüßen und Begrüßen

Grundsätzlich sollten Sie eines beachten: Grüßen geschieht immer im Vorbeigehen, aus einer Distanz heraus und ist verbal.

Grüßen im Business: Der Rangniedere grüßt zuerst den Ranghöheren.

Beim Begrüßen hingegen kommen Sie sich näher: Sie reichen die Hand und wechseln zumindest ein paar

Worte. Privat entscheidet die Frau beziehungsweise die ältere Person, ob sie jemandem die Hand reichen will.

Begrüßen im Business: Der Ranghöhere reicht die Hand dem Rangniederen.

Im Geschäftsleben steht die Frau heute bei der Begrüßung auf. Privat kann sie auch sitzen bleiben, außer eine ältere Person oder wichtige Person wird begrüßt. Das Aufstehen hat einen klaren Vorteil für Frauen: Sie begegnen ihrem Gesprächspartner auf Augenhöhe, zeigen Respekt und können die Distanzzone beeinflussen.

Der Mann steht bei der Begrüßung – geschäftlich wie privat – immer auf und schließt dabei einen Knopf seines Sakkos. In Österreich sowie in Slowenien gelten dieselben Regeln für das Grüßen oder Begrüßen. Allerdings wird in Slowenien empfohlen ab 9 Uhr morgens den Gruß „Dobro jutro", also Guten Morgen, nicht mehr zu verwenden. Verwenden Sie dann lieber „Dober dan". Damit erscheinen Sie engagiert und tüchtig. Denn die Slowenen arbeiten viel und lang. Je beschäftigter jemand ist, desto angesehener ist man.

Handzeichen

Die Art und Weise des Händedrucks prägt in Italien ganz entscheidend den ersten Eindruck. Vergessen Sie nicht: Händeschütteln bedeutet immer Vertrauen! Anders als in Österreich, Slowenien und Südtirol bevorzugt der Italiener einen geringeren Abstand zu anderen Personen. Zeigen Sie keine Berührungsängste! Sowohl geschäftlich als auch privat stehen Italiener in relativ nahem Abstand zu ihren Gesprächspartnern. Wer eine Armlänge Distanz hält, kann schon unpersönlich wirken. In Österreich, Slowenien und Südtirol hingegen liegt der übliche Abstand bei rund einem Meter. Ein weiterer Unterschied besteht in der Intensität des Blickkontakts: Er ist in Italien viel länger und signalisiert das Interesse an Gespräch und Gesprächspartner. Sie sehen, die nonverbale Kommunikation nimmt einen hohen Stellenwert ein. Italiener und zum Teil auch Südtiroler unterstreichen ihre Botschaften durch ausgeprägte Körpersprache.

Für Nordeuropäer spannend sind die vielen Handzeichen der Italiener, die auch bei Südtirolern zu beobachten sind. Die Geste der zusammengelegten Fingerspitzen von Daumen, Zeige- und Mittelfinger einer Hand kann verschiedene Bedeutungen haben, die sich aus der jeweiligen Situation heraus ergeben: Das Zeichen kann als Frage verstanden werden und gleicht in der Bedeutung etwa „Was machst Du?" oder „Was willst Du?". Die gleich Geste verbunden mit einem ernsten Blick unterstreicht einen Sachverhalt und bedeutet „Was für ein

Ärger!" oder „Was für ein Idiot!". Das Herunterziehen des unteren Augenlides bedeutet so viel, wie: „Ich bin, ja nicht blöd." Die zum Beten zusammengelegten Hände bezeichnen eine Bitte an den Himmel, die „Lieber Gott, womit habe ich das verdient?" oder „Das kann doch nicht wahr sein!" bedeuten soll. Sollte Ihr Gesprächspartner diese Geste bei einem Gespräch oder Meeting machen, überlegen Sie genau was Sie gesagt haben – der Schuss könnte nach hinten losgegangen sein.

Körpersprache

Körpersprache ist das Ergebnis einer lebenslangen Entwicklung und wird unmerklich durch das gesellschaftliche Milieu beeinflusst, in dem man sich bewegt. Körpersprache verändert sich – in jeder Begegnung nimmt sie neue Formen an. Körpersprache ist der Ausdruck unserer Gefühle, unseres Wollens und Handelns. Eine klare innere Einstellung schafft erst eine klare Körpersprache und damit den gewünschten Eindruck auf andere. Denn sobald wir lernen, die sichtbare Körpersprache eines Menschen als Ausdruck seiner inneren Haltung zu begreifen, erkennen wir: Worte können lügen – der Körper lügt nie!

Gesten, die sich oberhalb der Körpermitte abspielen, werden positiv wahrgenommen, Gesten unterhalb der Körpermitte als unsicher oder hilflos.

Vorstellen & Bekannt machen

Die Reihenfolge beim Vorstellen und Bekannt machen im Geschäftsleben: Hier geht es ausschließlich nach dem Rang – unabhängig von Geschlecht und Alter. Wer höher steht, erfährt zuerst, wer der andere ist. Ein Titel wird immer mit genannt.

Ein paar Beispiele:
- Der Bewerber wird der Personalchefin vorgestellt
- Die Sekretärin der Chefin
- Der Mitarbeiter dem Abteilungsleiter
- Die Kollegen den Kunden oder Geschäftspartnern

Im Privatleben sieht die Reihenfolge so aus:
- Der Mann stellt sich der Frau vor
- Der Jüngere dem Älteren
- Der Einzelne der Gruppe
- Der Ankommende den Anwesenden

Bei der Selbstvorstellung ist es persönlicher und prägnanter, den Vornamen und Familiennamen zu nennen. Der eigene Titel wird weggelassen. So geht's richtig: Stellen sie sich nie als „Frau Radinger" oder „Herr Müller" vor, sondern als „Anita Arneitz".

Auch Slowenen lieben Titel!

Werden Sie in Slowenien nicht von jemandem vorgestellt, dann übernehmen Sie es wie in Österreich selbst. Die Reihenfolge Vor- und Nachname muss eingehalten werden. Bei der Selbstvorstellung fügen Sie Titel und Berufsbezeichnung nicht hinzu. Bei der Vorstellung Dritter müssen Sie aber auf die richtige Verwendung von Berufsbezeichnungen und Ehrentitel achten, denn auch Slowenen lieben Titel! Stellt sich ein Slowene vor, antworten Sie am besten mit „Me veseli", was übersetzt soviel bedeutet wie „freut mich". Titel sind in Slowenien von großer Bedeutung, jedoch eher im beruflichen Umfeld. Im Gegensatz zu Österreich werden auch bei Fernsehsendungen die Titel der Sprecher angezeigt. Außerdem hat das Magisterstudium in Slowenien einen höheren Stellenwert als in Österreich.

Kurze und prägnante Vorstellung in Südtirol

Wenn Sie in Südtirol in einer italienisch sprechenden Gesellschaft niemand vorstellt, übernehmen Sie es selbst. Zum Beispiel: „Buongiorno, sono Francesca Rossi, dell' Albergo ..." Übersetzung: „Guten Tag, ich bin Francesca Rossi vom Hotel ..."
Die Reihenfolge Vor- und Nachname muss eingehalten werden. Der eigene Titel und die Berufsbezeichnung werden auch hier niemals bei der Selbstvorstellung hin-

zugefügt. Tabu sind beispielsweise: "Sono il signor, il dottor, l'architetto, l'onorevole Rossi." Übersetzung: „Ich bin Herr oder Dr. oder Architekt oder Minister Rossi." Stellt sich ein Italiener vor, antworten Sie mit „piacere", was übersetzt „freut mich" bedeutet.

Bei der Vorstellung Dritter ist es in Italien wichtig, auf die richtige Verwendung von Berufsbezeichnungen und Ehrentiteln zu achten. Titel besitzen großes Prestige und bedeuten eine besondere Errungenschaft – dies zu respektieren ist Grundvoraussetzung für eine erfolgreiche Geschäftsbeziehung mit Italienern bzw. Südtirolern.

Titel und Anreden im Alltag

Anders sieht die Sache in Österreich aus. Bei der mündlichen Anrede wird in Österreich immer der ranghöchste Grad verwendet. Zum Beispiel wird „Professor Dr. Huber" mit „Herr Professor Huber" angesprochen. Die weibliche Form der Anrede lautet: „Frau Professorin Weber". Einen Bankdirektor sprechen Sie nur mit seinem Familiennamen an, wenn er keinen akademischen Titel hat. Es ist jedoch durchaus üblich, ihn auch mit „Herr Direktor" anzureden.

Die neuen Titel wie Master, Bachelor oder PhD werden nur in der Anschrift auf dem Kuvert oder im Briefkopf verwendet, nicht jedoch in der persönlichen Ansprache oder in der schriftlichen Anrede. Trägt jemand mehrere Titel, sind die höherrangigen Grade dem Namen am nächsten zu führen, wie Mag. Dr. Franz Huber. Kommen Berufstitel noch hinzu, werden diese als Erstes genannt, danach folgen die akademischen Grade, wie Architekt Kommerzialrat Dr. Franz Huber, PhD. Akademische Grade wie Magister bzw. Magistra und Doktor bzw. Doktorin werden in Österreich bei der Anrede sowie auch bei der Vorstellung durch Dritte verwendet. Und nicht vergessen: Akademische Grade sind kein Teil des Namens, sondern Beifügungen zum Namen.

Sie sitzen bei einer Veranstaltung/Einladung neben einer Person mit mehreren Titeln. Wenn Sie nicht genau wissen, wie jemand angesprochen wird, ist die beste Lösung, vorher zu fragen. „Wie möchten Sie angesprochen werden?" Das gilt auch in Situationen mit Ehepaaren oder Partnern, weil heute nicht mehr automatisch die Ehefrau den Familiennamen des Ehemannes annimmt.

Visitenkarten richtig einsetzen

Die Visitenkarte oder Businesscard wird in manchen Ländern eher nebensächlich gehandhabt, in anderen wiederum ist sie von immenser Bedeutung. Auf der Visitenkarte für Ihre Geschäftspartner in Österreich, Slowenien und Südtirol sollten alle akademischen Grade, Titel und Positionen stehen, weil Statussymbole sehr viel gelten. Unbedingt angeben: Kontaktmöglichkeiten per Telefon oder E-Mail. Die jüngere Generation verzichtet zum Teil auf Visitenkarten und vernetzt sich lieber über soziale Netzwerke wie LinkedIn.

Visitenkarten, die Sie überreicht bekommen, schauen Sie an, bevor Sie sie wegstecken. Die Informationen darauf, wie Firmenname, Position, Angebot und Standort können schon der Beginn eines Gespräches sein. Geben Sie Ihrem Gesprächspartner Ihre Visitenkarte zu Beginn des Gespräches. Wenn Sie es mit einer Gruppe zu tun haben und es ist eine Hierarchie zu erkennen, bekommt die ranghöhere Person zuerst Ihre Visitenkarte. Wenn Sie keine Hierarchie erkennen können, dann werden die Karten der Reihe nach ausgetauscht.

Höfliche Gesten

Trotz Emanzipation haben höfliche Gesten wie einer Frau in den Mantel helfen nichts an Aktualität verloren. Es sollte im Geschäftsbereich ebenso wie im gesellschaftlichen Leben eine Selbstverständlichkeit sein. Natürlich kann eine Frau auch einem Mann in den Mantel helfen, falls er Hilfe benötigt und diese annehmen möchte.

Ein Servicemitarbeiter soll generell beiden, dem männlichen und dem weiblichen Gast, in den Mantel helfen bzw. den Mantel reichen. Allerdings sollte der Servicemitarbeiter dem Mann zuerst die Möglichkeit lassen, der Frau aus dem und in den Mantel zu helfen.

Danke sagen. Dafür gibt es viele Möglichkeiten. Diese sollten Sie auch nutzen, egal ob schriftlich, telefonisch oder persönlich. Für eine Einladung, ein Geschenk, einen guten Tipp oder Glückwünsche. Nach einer Einladung im privaten Kreis ist es ein Gebot der Höflichkeit, sich an einem der nächsten Tage telefonisch, *schriftlich* oder sogar handschriftlich für den schönen Abend zu bedanken. Das freut die Gastgebenden, die sich viel Mühe gegeben haben. Wer nicht Danke sagt oder es einfach vergisst, enttäuscht selbst die besten Freunde. Es hinterlässt ein unangenehmes Gefühl.

Aufstehen bei Tisch

Wenn eine Frau bei Tisch aufsteht, um den Tisch zu verlassen, ist es zeitgemäß, dass sich ihr Tischherr ebenfalls erhebt. Wenn die Frau zurück zum Tisch kommt, steht der Mann wiederum auf und rückt ihr den Stuhl zurecht. Tipp: Der Tischherr sitzt immer links von der Frau!

Die Tischkultur im offiziellen Italien und Slowenien entspricht völlig der österreichischen Etikette, jedoch sieht man die korrekten Tischmanieren selbst in Restaurants der obersten Preisklasse etwas seltener.

Anklopfen erwünscht!

Man betritt keinen Raum, ohne vorher anzuklopfen! Danach wartet man ab, bis man in den Raum gebeten wird. Entweder wird man akustisch eingeladen, den Raum zu betreten oder man wird an der Türe abgeholt. In vielen Unternehmen gibt es heute die Situation der offenen Bürotüren. Nur bei wichtigen Besprechungen wird die Tür geschlossen.

Der Gang durch Sitzreihen

Ob im Theater, in der Oper oder bei einem Vortrag - gehen Sie immer mit dem Gesicht zu den sitzenden oder aufstehenden Personen durch die Reihen. Sollten Sie zu spät kommen, entschuldigen bzw. bedanken Sie sich, wenn Personen nun aufstehen müssen. Die Ausnahme gilt in der Kirche. Hier dreht man den Sitzenden den Rücken zu, weil der Blick zum Altar gerichtet sein soll.

Du oder Sie?

Im Alpen-Adria-Raum ist es üblich, Personen, die wir nicht kennen erst einmal zu siezen. Im Geschäftsleben geht es um den Rang – die ranghöhere Person bietet der rangniederen Person das Du-Wort an. Im gesellschaftlichen Leben geht das Angebot grundsätzlich von der älteren Person aus.

Empfehlungen für das Anbieten des Du-Wortes:
- Im Geschäftsleben spielt in erster Linie der Rang eine Rolle.
- Falls beide den gleichen Rang haben und der gleichen Generation angehören, bietet derjenige das Du-Wort an, der das gern möchte.
- Falls jemand neu in einem Unternehmen ist (und das Duzen üblich), ergreift die Person, die schon länger im Unternehmen ist, die Initiative.

- Die Gruppe bietet es in einem nicht hierarchischen Kontext dem Einzelnen an.

Im Geschäftsleben kann es Situationen geben, wo wir Kollegen oder Vorgesetzte siezen, obwohl wir normalerweise per Du sind. Bei offiziellen Anlässen, Kundenterminen, im Umgang mit Mitarbeitern oder bei Gästen kann dieser professionelle Umgangston von Vorteil sein. Selbstverständlich muss den beteiligten Personen klar sein, warum das in einer speziellen Situation erforderlich ist. Entscheidend ist in diesem Falle, dass keine Asymmetrie in der Beziehung entstehen sollte. Wenn es im täglichen Geschäftsleben unpassend ist, kann man das angebotene Du-Wort bestimmt, aber freundlich ablehnen. Anders als im Privatleben ist es im Geschäftsleben nicht verletzend, wenn das Du-Wort nicht angenommen wird. Wer im privaten Umfeld ein Du-Angebot ablehnt, schafft sich aber bestimmt keine Freunde.

Für das Berufsleben und den gesellschaftlichen Auftritt gibt es in Österreich auch noch das „offizielle Du". Schul- und Bankdirektor, Bürgermeister und auch der Herr Pfarrer werden mit „Servus, Herr Bürgermeister" gegrüßt und erst im persönlichen Gespräch mit dem Vornamen angesprochen.

Ein Du sollte niemals aufgedrängt werden, sondern der oder die Gefragte sollte durch eine geschickte Formulierung eine Rückzugsmöglichkeit haben, ohne Peinlichkeit aufkommen zu lassen. Ein Du ist immer ein

Angebot und keine Anordnung. Wer unsicher ist, ob ein Du-Angebot für eine andere Person angebracht ist, kann auch stilvoll über Dritte anfragen lassen und eine Zustimmung einholen.

Im Tourismus wird häufig die Form der Anrede „Sie" kombiniert mit dem Vornamen verwendet. Das ist eine Frage der Unternehmenskultur und sollte vorher abgesprochen werden. Die Kombination von Familienname und Du ist allerdings unpassend und sollte gar nicht erst vorgeschlagen werden.

Im slowenischen Geschäftsleben verwendet man immer die Höflichkeitsform des Siezens. Die formelle Ansprache ist sehr wichtig. Man ist jedoch sehr rasch bei Vorname und Sie, wobei das nicht den formellen Rahmen stört. Ähnlich wie im Englischen leidet nicht Respekt und Wertschätzung. Das lässt sich nicht mit dem Du-Wort im Deutschen vergleichen. Es ist auch üblich, dass man sich in Slowenien nur mit dem Vornamen vorstellt. Es ist ein Vertrauensvorschuss des Geschäftspartners. Allerdings bleibt man darüber hinaus trotzdem beim Sie.

Im Geschäftsleben verwendet man in Italien immer die Höflichkeitsform „Lei". Es kann passieren, dass die ältere Person das Du-Wort anwendet, während der Jüngere trotzdem beim Sie bleibt.

In Südtirol ist man, vor allem in touristischen Regionen wie auch in Nordtirol schneller bei der Ansprache mit Vornamen und schneller beim Du, doch auch hier mit viel Respekt und Wertschätzung.

Bussi, Bussi

Es gibt ihn noch: den Handkuss. Er ist in Österreich noch verbreitet, vor allem in der Wiener Gegend. Gang und gäbe ist er beim Adel in Deutschland, Ungarn und Polen – hier sogar im Geschäftsleben. Völlig unpassend ist der Handkuss in den Ländern, in denen das nicht üblich ist wie in Slowenien oder Südtirol/Italien. Dort ist er im gesamten Geschäftsleben tabu – und auf der Straße. Ist man zu einer privaten Feier eingeladen, kann der Gastgeber die Hand reichen, den Gast umarmen oder Wangenküsse geben. Bei geschäftlichen Treffen ist ein Wangenkuss in Österreich unpassend. Der Gastgeber begrüßt seine Gäste mit Handschlag, bedankt sich fürs Kommen und macht mit den anderen Gästen bekannt.

Beim Wangenkuss wird nicht richtig geküsst, sondern der Kuss nur angedeutet oder gehaucht. Dabei dreht man den Kopf nach links und dann den Kopf nach rechts. Der Wangenkuss kommt auch international öfters zum Einsatz. In Österreich ist der Wangenkuss unter guten Freunden gängig.

Floskeln

Phrasen, Redensarten und hohle Worte haben sich in allen drei Sprachen im Wortschatz verankert. Wir verwenden sie oft unüberlegt – sowohl beim Reden als auch beim Schreiben. Passen diese Standardausdrücke zu unserem Stil und Image?

In Österreich sind folgende Standardausdrücke beliebt: Wie geht es? Prost! Mahlzeit! – auch als Tagesgruß in Firmen zwischen 11 und 15 Uhr, Gesundheit! und kein Problem. In Adelskreisen und im feinen Bürgertum war und ist es nicht passend, körperliche Empfindungen zu verbalisieren, also „Mahlzeit", zu sagen. In der Geschäftswelt hingegen wünschen die Gastgebenden vor dem Essen „Guten Appetit" – es ist der Startschuss für das Geschäftsessen. Das korrekte Signal ist, wenn die Gastgeberin oder der Ranghöchste das Besteck in die Hand nimmt, einen Blick in die Runde macht und damit „die Tafel eröffnet" und mit dem Essen beginnt.

In Südtirol sagt man nicht „Buon Appetito". Man fängt zu essen an, sobald alle sitzen oder wenn der Gastgeber sich hinsetzt.

Die Angewohnheit „Gesundheit" zu wünschen, wenn jemand niest, stammt aus dem Mittelalter, als noch die Pest grassierte. Die Person, die mit dieser Krankheit infiziert war, musste ständig niesen. Da wünschte sich der Gesunde selbst schnell „Gesundheit". Heute ist Niesen kein Indiz dafür, dass jemand krank ist. Vielmehr ist es ein Reflex, der durch Sonnenstrahlen, Alkohol, eine Erkältung oder eine Allergie ausgelöst werden kann. Um Menschen, die niesen, nicht ständig in den Mittelpunkt zu rücken, kann man das Geräusch kommentarlos übergehen. Niemand muss nach dem Niesen um Entschuldigung bitten. Man entschuldigt sich nur beim Gesprächspartner, wenn durch Nießen das Gespräch unterbrochen werden musste. In manchen Situationen ist es dennoch unangenehm, beim Niesen des Gegenübers nichts zu sagen. Hier kommt es ganz darauf an, wo Sie sich mit wem befinden. Es gibt noch immer viele Menschen, denen wünscht man weiterhin „Gesundheit", weil sie es so gewohnt sind.

Generell gilt: Körpergeräusche werden nicht kommentiert.

Wer das Taschentuch benutzt, sollte sich beim Schnäuzen der Umgebung bewusst sein. Zu laute Geräusche – gerade bei Tisch – können einen schlechten Eindruck bei anderen Personen hinterlassen. In diesem Fall sollten Sie den Tisch verlassen und sich in den Waschraum zurückziehen.

Wenn Sie gähnen (müssen), sollten Sie die Armbeuge der Handfläche vorziehen.

Pünktlichkeit und Verlässlichkeit

„L'exactitude est la politesse des rois" war ein Ausspruch des französischen Königs Ludwig XVIII. Heute wird die Wendung „Pünktlichkeit ist die Höflichkeit der Könige" gerne gebraucht, wenn es zu den Vorzügen eines Vorgesetzten gehört, selbst Mitarbeiter nicht warten zu lassen. Bereits Napoleon postulierte: „Es gibt Diebe, die von den Gesetzen nicht bestraft werden, obwohl sie dem Menschen das Kostbarste stehlen: nämlich die Zeit."

In Österreich, Slowenien und Südtirol gilt es als schlechter Stil, zu einer Verabredung oder einem festgesetzten Termin zu spät zu kommen. Zu einer Verabredung oder einem offiziellen Termin sollte man grundsätzlich pünktlich kommen. Das bedeutet fünf bis zehn Minuten vor dem Termin eintreffen, damit man Zeit hat, sich eventuell noch frisch zu machen, um dann wirklich pünktlich zu erscheinen.

Ist auf einer Einladung „c.t." (cum tempore – mit Zeit) zu lesen, beginnt die Veranstaltung 15 Minuten später. Auf keinen Fall zu spät kommen darf man zu einer Veranstaltung, zu der „s.t." (sine tempore – ohne Zeit) eingeladen wurde. Das gilt natürlich auch für Theater, Vorträge, Essenseinladungen.

Beispiele aus dem Alltag:
- Darf man bei einer privaten Einladung mit Zeitangabe eine halbe Stunde zu früh kommen? Auf keinen Fall! Man behindert sonst die Gastgeber bei den letzten Vorbereitungen.
- Bei großen Veranstaltungen ist es manchmal hilfreich, früher zu kommen, um gleich Kontakte zu knüpfen.
- Wann ist es möglich, dass man etwas später kommt? Wenn auf der Einladung „ab … Uhr" steht. Wenn man sich bei einer Veranstaltung angemeldet hat und dann aus einem besonderen Grund nicht kommen kann sollte man sich rechtzeitig abmelden, damit die Gastgebenden planen können.

Der Gastgeber oder die Person, die für eine Veranstaltung verantwortlich ist oder zu einem offiziellen Essen eingeladen hat, erwartet und empfängt die Gäste.

Österreicher sind im Ausland für ihre Pünktlichkeit bekannt. Dennoch sollten Sie sich als Gast im Ausland mit den Pünktlichkeitsregeln des jeweiligen Landes vertraut machen. Die Erwartungen in Slowenien und Südtirol an Pünktlichkeit sind mit den Erwartungen in Österreich ident. Im Geschäftsleben ist es selbstverständlich, pünktlich zum Termin zu erscheinen. In Italien hingegen mit Verspätung zu einem Abendessen oder einer Verabredung einzutreffen, ist nicht problematisch, sondern normal. Zwanzig Minuten hingegen sind schon sehr unhöflich. Werden sehr viele Gäste erwartet, dann ist eine Verspätung von einer halben Stunde nicht beleidigend.

Ehrenplatz und Vortritt

Die „Ehrenseite" ist immer rechts. Die rangniedere Person geht und sitzt daher immer links vom Ehrengast oder einer ranghöheren Person. Privat und geschäftlich lässt der Mann eine Frau rechts, also auf der Ehrenseite gehen. Die rechte gilt als die stärkere Seite - sie steht für Ehrung, Lenkung und den Vortritt haben. Es ist daher eine schöne Geste, ranghöhere Personen bewusst auf der rechten Seite gehen zu lassen.

Der Gast geht in der Regel vor. Kennt dieser den Weg nicht, kann ihm der Gastgeber den Weg zeigen. In so einer Situation sagen Sie zum Beispiel: „Ich gehe am besten voraus, ich kenne den Weg." Auf einer schmalen Treppe geht der Mann beim Hinaufgehen eine Stufe hinter der Frau und beim Hinuntergehen eine Stufe vor ihr. Den Ranghöheren oder Gast lässt man in beiden Fällen vorgehen. Heute sagt man, wenn die Treppen breit genug sind, geht man nebeneinander.

Small Talk

Small Talk ist eine der elegantesten Kommunikationsformen. Die Wichtigkeit eines gekonnten Small Talks wird oft verkannt. Insider behaupten sogar: Nur über perfekten Small Talk sind die richtigen Kommunikationskanäle zur Spitze zu finden. Wenn Sie die Kunst der leichten, trotzdem angeregten Unterhaltung beherrschen, werden Sie mehr Sympathien gewinnen. Das Einander-Näher-Kommen, das Erkennen des Menschen und seiner Interessen steht im Vordergrund. Vor ernsten oder schwierigen Gesprächen können Sie Small Talk auch als Aufwärmphase nutzen. Er schafft Verbindungen und knüpft Kontakte zu Fremden.

Albert Camus hat einmal gesagt: „Das echte Gespräch bedeutet aus dem Ich heraustreten und an die Tür des Du klopfen." Genau dieser Türklopfer ist der Small Talk. Er ist zwischen Unbekannten der Tester, ob die Tür freiwillig für tiefer gehende, ernste Gespräche geöffnet wird. Fehlt dieses „Anklopfen" bei einem unbekannten Gesprächspartner, wird aus dem Gesprächsanfang ein unangenehmes „Mit der Tür ins Haus fallen".

Wenn Sie zu einer Veranstaltung kommen und niemanden kennen, wird es leichter, wenn Sie Ihren Small-Talk-Partner geschickt auswählen. Beachten Sie zuerst Ihre eigene Körpersprache und dann die des Gesprächspartners. Ist die Haltung offen? Wie sieht es mit dem Blickkontakt aus? Beachten Sie auch die Standpositionen einer Gruppe oder einzelner Personen. Wenn Sie sich eine Gruppe oder eine Person ausgesucht haben, denken Sie an die international gültigen Distanzzonen.

Die Distanzzonen im deutschsprachigen Kulturkreis sind:
- Null bis 50 Zentimeter: nur guten Freunden vorbehalten
- Eine Armlänge: beim Händedruck und bei Gesprächen
- Mehr als eine Armlänge: bei Kontakten mit Ranghöheren und Fremden
- Ab vier Meter: angenehme Distanz bei Versammlungen und Reden, damit sich auch die Zuhörer in der ersten Reihe wohlfühlen

Seien Sie variabel bei Ihrem Einstiegssatz und passen Sie ihn dem Personenkreis und der Situation an. Sie können den Small Talk auch mit einer Selbstvorstellung beginnen. Stellen Sie statt geschlossenen offenen Fragen. Damit hat Ihr Gesprächspartner die Möglichkeit zu erzählen und fühlt sich nicht wie in einem Verhör. Hören Sie beim Small Talk richtig zu und versuchen Sie, sich so viele Namen wie möglich zu merken. Halten Sie keine Monologe, denn man erfährt mehr von den Menschen, wenn man gezielte Fragen stellt und die Gesprächspartner ausreden lässt.

Die besten Themen für Small Talk:
- Aktuelle, positive Ereignisse
- Berufliche Situation
- Veranstaltungen

- Gemeinsame Bekannte
- Kunst, Literatur, Filme, Kultur,
- Sport
- Hobbys
- Urlaubseindrücke
- Freizeit allgemein
- Essen und Trinken
- Reisen
- Wetter, aber nur bei besonderer Wetterlage

Tabuthemen sind: Krankheiten, persönliche Probleme, Betriebsinterna, Tratsch und Klatsch, Sexualität, Tod, alles Polarisierende wie Religion, Politik, Rassenfragen, etc.

Der Übergang vom Small Talk zum Businesstalk bei einem offiziellen Essen ist in Österreich, Slowenien und Südtirol gleich. Grundsätzlich beginnt man als Gastgeber mit dem Thema Geschäft erst nach dem Hauptgericht. Slowenien ist besonders stolz auf seine vielen sportlichen Akzente, zum Beispiel auf die attraktiven Wintersportgebiete, auf die etablierten Austragungsorte internationaler Segelflug- und Rudermeisterschaften sowie einen der ältesten Golfplätze Europas, der in Bled liegt. Ein Tabuthema bei slowenischen Gästen: Minderheiten in Kärnten und Italien.

In Südtirol haben Essen und Trinken einen höheren Stellenwert und der Genuss steht im Vordergrund. Das Geschäft kommt erst nach dem Essen. Die klassischen Tabu-Themen sind auch in Südtirol tabu. Hinzu kommt die Sonderstellung von Südtirol in Italien und die Interessensgegensätze zwischen Nord und Süd.

Der persönliche Stolz der Italiener, ihrer Familien, ihrer Städte oder ihrer Freunde darf niemals verletzt werden. Im Mittelpunkt steht das Familienleben. Das ist immer wieder ein guter Einstieg in ein Gespräch. Besonders positiv sind Gespräche über die italienische Kunst, Essen, Wein, Filme, Sport, insbesondere Fußball, Musik, italienische Architektur, Philosophie und die Oper.

> Noch ein paar Tipps:
> - Schätzen Sie die regionale Küche, was Ihnen im Alpen-Adria-Raum nicht schwerfallen dürfte!
> - Bereits ein paar Worte Slowenisch oder Italienisch machen Ihr Gegenüber glücklich.
> - Seien Sie pünktlich, auch wenn Ihr Gesprächspartner es nicht ist.
> - Respektieren Sie die Sitten und Gebräuche der einzelnen Regionen.
> - Üben Sie keine Kritik an Land und Politik.
> - Ein Schwips oder gar Trunkenheit hinterlassen einen schlechten Eindruck. Machen Sie es wie die Italiener – sie trinken viel Mineralwasser und wenig Wein.

Wie oft hört man, dass Small Talk lediglich oberflächliches Geplauder ist. Ja, das kann durchaus so beginnen. Wir führen ja auch nicht ständig Fachgespräche, sondern manchmal möchte man sich dabei auch ein wenig entspannen. Manchmal möchte man mehr über die Person erfahren, mit der man gerade verhandelt hat oder man möchte über ein spezielles Hobby mehr wissen. Was auch immer der Grund für Ihr Interesse an dieser Person ist, Small Talk bietet Ihnen die Möglichkeit, mehr über einen Menschen zu erfahren. Wenn Sie die Kunst der leichten, trotzdem angeregten Unterhaltung beherrschen, werden Sie gekonnt Kontakte knüpfen, noch mehr Sympathien gewinnen und mehr Erfolg haben.

Die Unterhaltung zu beenden, sollte keine Schwierigkeit darstellen, denn gerade beim Small Talk sollte allen Beteiligten klar sein, dass man das Gespräch nicht vertiefen muss, aber kann, wenn es für alle Gesprächspartner stimmt ist. Sie bedanken sich für eine interessante Unterhaltung und sagen, dass Sie noch andere Gäste begrüßen möchten oder Sie haben Bekannte gesehen und möchten diese nun gerne ansprechen. Vermeiden Sie fadenscheinige Ausreden, die Ihnen mehr schaden als nützen.

Schriftsprache oder Dialekt?
Im gesellschaftlichen und beruflichen Leben ist ein gepflegtes Deutsch angebracht. Generell sollten Sie (verständlichen) Dialekt nur mit Menschen sprechen, die diesen verstehen bzw. auch beherrschen. Vermeiden Sie es auch im Alpen-Adria-Raum einen fremden Dialekt nachzuahmen.

Hände in den Hosentaschen

Männer wie Frauen sollten bei allen offiziellen Auftritten und im Gespräch die Hände aus den Hosentaschen geben. Ob Anzug oder Jeans, in keiner Situation geben Sie sich dadurch leger. Im Gegenteil, in unserer Kultur erscheint es als unpassend, sich so zu präsentieren.

Rauchen

Wenn Sie nach dem Rauchen wieder in Kontakt mit Menschen treten, dann sorgen Sie für frischen Atem.

Kaugummi

Es gibt Situationen, in denen das Kaugummikauen absolut unangebracht ist, nämlich überall dort, wo wir mit Menschen im Gespräch sind. Menschen sind irritiert, wenn sie sich mit jemanden unterhalten, der einen Kaugummi kaut. Generell gilt: Bitte diskret kauen!

Einladungen

Eine Einladung ist dann perfekt, wenn diese neben den üblichen Aussagen, wie Beginn, Ort, Grund, Einladende auch Dresscode Vorgaben, Dauer der Veranstaltung, Parkmöglichkeiten und eine genaue Anfahrtsskizze angegeben sind. Die Einladung muss natürlich auch rechtzeitig verschickt werden, damit sich die Gäste den Termin reservieren können. Diese kann als Serienbrief, gedruckte oder handschriftliche Einladungskarte verschickt werden. Die „Save-the-date" Information wird heute gerne schon sehr früh digital verschickt.

Rolle als Gastgeberin und Gastgeber im Business

Das Wohl des Gastes steht für perfekte Gastgebende im Mittelpunkt. Man ist vorbereitet auf seine Gäste und hat sich informiert: Singlegäste werden integriert, woher kommt der Gast (aus welcher Firma), was war wichtig in seiner Umgebung in der letzten Zeit, etc. gute Gastgeber wissen, über welches Thema man beim letzten Mal gesprochen hat und sie sind in der Lage, das Gespräch zu führen. Manchmal ist es auch erforderlich, das angefangene Thema wieder in eine andere Richtung zu lenken. Verhalten Sie sich wie auch im privaten Bereich und empfangen, begrüßen, bewirten und verabschieden Sie Ihre Gäste mit der selbstverständlichen Aufmerksamkeit, die man von Gastgebern erwartet. Gäste fühlen sich dann unwohl, wenn Gastgebende ihre Rolle nicht ausfüllen.

Verabschieden

Nutzen Sie die Chance, auch einen angenehmen letzten Eindruck von Ihnen zu geben. Verabschieden Sie sich mit Handschlag, begleiten Sie Ihre Besucher zum Ausgang oder zumindest zum Lift und manchmal vielleicht sogar bis zum Auto. Generell gilt: Je weiter Sie einem Menschen entgegenkommen, desto mehr Wertschätzung bringen Sie ihm entgegen. Dies gilt auch bei der Verabschiedung: Je weiter Sie einen Menschen begleiten, desto mehr fühlt er sich geachtet. Der letzte Eindruck ist schließlich besonders wichtig, weil er der bleibende ist!

In Kontakt bleiben

Digitale Netzwerke sind heute an der Tagesordnung und doch ersetzen sie kein persönliches Gespräch. Als Ergänzung, um den Kontakt mit Menschen zu pflegen, die man nicht regelmäßig trifft, eignen sie sich allerdings sehr gut.

Business

Die Wirtschaft und die Erwartungen der Menschen wandeln sich. Die Ansprüche konkurrieren zwischen Status und ökonomischer Sicherheit, einer sinnerfüllten Arbeit und ihrem sozialen Nutzen. Der Lebensschwerpunkt verlagert sich vom Arbeitsplatz und Betrieb in die Gestaltung und Erprobung neuer Lebensformen und Lebensstile. Zu den Verunsicherungen im Alltag kommt die globale materielle Verunsicherung der Lebensführung hinzu.

Business und Gesellschaft verändern sich laufend, denn weltweite Beziehungen werden ausgeweitet, verdichtet und beschleunigt. Neben den eigenen kulturellen Werten und Traditionen, die manche gar nicht mehr genau kennen, steht auch die Konfrontation mit Geschäftspartnern beziehungsweise die Teamarbeit mit Mitarbeitern aus den Nachbarländern an. Diese geschäftlichen Kontakte erfordern einen routinierten Umgang mit den Verhaltensweisen anderer Kulturen.

Längst gelten moderne Umgangsformen als Schlüsselqualifikation im Business. Vor allem in der grenzüberschreitenden Zusammenarbeit. Dabei ist für Arbeitssuchende, Mitarbeiter, Führungskräfte und Unternehmer die Selbstpräsentation für einen Auftrag, Job oder eine Geschäftsverbindung entscheidend. Vor allem für Einpersonenunternehmen oder Klein- und Mittelbetriebe ist es wichtig, Flexibilität zu zeigen und sich auf die verschiedenen Situationen einzustellen. Nur so können Sie sich und Ihr Produkt optimal verkaufen. Und was für Unternehmer gilt, gilt selbstverständlich auch für Führungskräfte. Daher werden bei der Rekrutierung von Führungskräften zunehmend außerfachliche Schlüsselqualifikationen nachgefragt. Diese können durch das Bildungssystem nur ungenügend vermittelt beziehungsweise trainiert werden. Sie werden in erster Linie durch kulturelle Vererbungsprozesse habitualisiert. Dazu zählen soziale und kommunikative Kompetenzen ebenso wie die Fähigkeit zur Bewältigung von Komplexität und Innovation, ein breit angelegtes latentes Kulturwissen und gute Umgangsformen.

Umgangsformen dienen damit am Arbeitsmarkt unter anderem auch als Selektionsinstrument. Das bedeutet, dass bei der Auswahl von Mitarbeitern die fachliche Kompetenz vorausgesetzt wird und vielmehr die soziale Kompetenz entscheidend für eine Anstellung sein kann. Personalberater gehen gemeinsam mit den Bewerbern essen, um zu sehen, wie sie sich auf dem gesellschaftlichen Parkett bewegen. Handelt es sich um eine Position mit Repräsentationsaufgaben, wird der Partner gleich mit eingeladen. Im Restaurant sehen Personalberater, Geschäftspartner oder Kunden sofort, ob jemand selbstsicher genug ist, um zum Beispiel etwas abzulehnen oder sich vielleicht aus Angst und Unsicherheit mehr mit den Tischsitten beschäftigt als mit den Gesprächspartnern.

Doch es sind nicht nur die Tischsitten alleine, die dabei solchen Anlässen eine Rolle spielen. Es geht auch um die Art des Small Talks, um Körpersprache und letztlich um die Kleidung, die gewählt wird. Genau dieser erste Eindruck gibt jede Menge Informationen über das persönliche Erscheinungsbild. Soziologe Michael Hartmann sagte dazu in einem Interview, dass tadelloser Benimm wichtig für den Aufstieg in die höchsten Chefetagen sei. Für ihn sei es aber das unbedeutendste Element innerhalb von vier Punkten. Eine breite Allgemeinbildung, eine optimistische, unternehmerische Einstellung und Souveränität zählen mehr. Hartmann findet, dass man sich Benimm aneignen kann, Souveränität hingegen kaum. Der Souveräne könne sich auch Abweichungen erlauben und zum Beispiel im Restaurant sagen: „Für mich keinen Kaviar – mag ich nicht!" Der Aufsteiger, der sich die Benimmregeln erst aneignen musste, wird Angst haben, etwas falsch zu machen und sich dadurch zu verraten. Aber wie wird man souverän? Ganz einfach: durch Integration von modernen Umgangsformen in den Alltag!

Jemand kann nur souverän werden, wenn er Situationen und Dinge kennt. Das Lesen von Etikette-Büchern bringt nur dann einen Nutzen, wenn Sie es im täglichen Leben ausprobieren und anwenden. Für alle, die beim Lesen Lust auf das Ausprobieren bekommen, gibt es im Hotel Schloss Seefels in Pörtschach am Wörthersee Tischkultur-Seminare mit einem moderierten Abendessen und in Kooperation mit TLS Reisekultur Tagesausflüge in den Alpen-Adria-Raum. Learning by Doing steht bei beiden Veranstaltungen am Programm. Informationen zu allen Terminen finden Sie auf www.guterstil.at.

Die Macht des ersten Eindrucks

Aus der Forschung weiß man heute, dass das Gehirn nur etwa eine Zehntelsekunde braucht, um sich ein Urteil über eine fremde Person zu bilden. Von den elf Millionen Sinneseindrücken, die pro Sekunde auf uns einströmen, kommen etwa zehn Millionen über das Auge in unser Gehirn. Daher ist der erste visuelle Eindruck, den eine Person hat, meist der dauerhafteste. Und wenn dieses erste „Bild" für diese Person unangenehm ist, kann es sein, dass Sie eine Chance vergeben haben, die vielleicht nicht wieder kommt.

Wir bewerten innerhalb der ersten Sekunden intuitiv das Aussehen, die Figur, die farbliche Zusammenstellung der Kleidung, den Status, die Statussymbole und die Körpersprache eines Menschen und das aufgrund unserer persönlichen Werte, Vorurteile, Erfahrungen und Erinnerungen. In dieser kurzen Zeit machen wir uns ein Bild von einem Menschen – und exakt in diesem Moment haben wir uns schon entschieden, ob wir diesen Menschen als kompetent erachten, ob er uns sympathisch ist und ob er glaubwürdig erscheint – oder eben nicht.

Beim ersten Eindruck bewerten wir unter anderem:
- Körperhaltung & Figur
- Blickkontakt
- Ausstrahlung
- Status und Statussymbole
- Kleidung, Stil & Farben

- Geruch & Düfte
- Händedruck & Distanzzone
- Klang der Stimme

Unsere zunehmende Lebenserfahrung ermöglicht uns unsere Intuition ständig zu verbessern und sie bei den vielen (beruflichen) Begegnungen auch einzusetzen. Dennoch wird die Person, die wir gerade kennenlernen, blitzschnell einsortiert – ob sie will oder nicht.

Der erste Eindruck prägt sich ein und entscheidet über die Qualität späterer Kontakte. „Für den ersten Eindruck gibt es keine zweite Chance!" Im Business geht es beim ersten Eindruck vordergründig um fachliche Kompetenz, also, ob ich einer Person etwas zutraue. Im nächsten Schritt geht es um Sympathie oder Antipathie. Da Antipathie meist auf Gegenseitigkeit beruht, empfiehlt es sich, auf der Sachebene zu bleiben. Es kann herausfordernd sein, den ersten Eindruck zu revidieren. Daher denken Sie daran: „Der erste Eindruck, ist wichtig, aber der Zweite enthüllt die Wahrheit."

Denken in Klischees

Wir denken in Klischees, das bedeutet nach festgefahrenen Vorstellungen und eingefahrenen Denkmustern. Die Erfahrung zeigt: Je gepflegter Sie gekleidet sind, desto besser werden Sie behandelt! Mit der Wahl der Kleidung sowie der Accessoires, die wir für unseren Alltag wählen, setzen wir täglich ein Zeichen.

Erfüllen wir die Normen unserer Branche, unserer Position oder der jeweiligen Rolle in der wir uns befinden? Ist uns bewusst, was von uns in dieser oder jener Situation erwartet wird? Vergegenwärtigen wir uns, dass jedes darüber Hinwegsetzen eine Irritation bei unseren Mitarbeitern, Kollegen, Vorgesetzten, Kunden und Gästen auslöst? Ist uns klar, dass wir mit unserer täglichen Inszenierung andere Menschen mit unserer Außenwirkung beeinflussen? Stellen Sie sich doch diese Fragen, wenn Sie morgens vor Ihrem Kleiderschrank stehen und sich – nicht nach den Wetterverhältnissen kleiden, sondern entsprechend den Terminen, die an diesem Tag in Ihrem Terminkalender stehen.

Ob beruflich oder privat – Menschen sehnen sich nach sozialer Anerkennung, denn sie wollen geachtet, respektiert und bewundert werden. Es gibt natürlich auch Personen, die sich bewusst Abweichungen erlauben, die „underdressed" oder „overdressed" erscheinen und selbstsicher genug sind, trotzdem selbstbewusst aufzutreten. Ihnen ist klar, dass sie mit ihrem eigenen Stil entsprechende Signale aussenden und sich aus der Menge hervorheben?

Männer, die in ihrem beruflichen Alltag vorwiegend Anzüge tragen, haben es grundsätzlich einfacher, sich professionell zu präsentieren. Dieser „Einheitsstil", der häufig einer Uniform gleichkommt, bringt ein einheitliches Bild in die Unternehmen und vereinfacht die Zuordnung zum Team, zur Macht und zur Führungsetage.

Frauen hingegen zeigen in ihrer täglichen Arbeitskleidung häufig eine Vermischung aus Freizeitkleidung und klassischen Elementen. Gerade der Sommer verführt die Frauen zu Inszenierungen, die zu sehr an Freizeit erinnern und, die vor allem zu viel Haut zeigen. Lässt die Frau die Strümpfe weg, dann ermöglicht dies auch das Tragen von Sandalen und schon wird dazu das luftige Sommerkleid gewählt. Damit vergeben viele Frauen Chancen, im Berufsleben ernst genommen zu werden.

Selbstverständlich ist die Inszenierung immer eine Frage der Branche sowie der Position, in der die Frau tätig ist. So haben Frauen durchaus mehr Möglichkeiten als Männer „Farbe ins Spiel" zu bringen. Dennoch sollte das Auge des Betrachters ins Gesicht gelenkt werden. Zu viele Ablenkungen, wie unpassende Schuhe, zu viel Schmuck, große Muster und Haut irritieren Männer und Frauen gleichermaßen. Schließlich wollen wir uns im Gespräch auf unser Gegenüber konzentrieren, Blickkontakt halten und zuhören.

Dresscode bei Einladungen

Ist auf der Einladung zu einem Event ein Dresscode vorgegeben, sollten Sie sich im Sinne von kleidungsmäßiger „Geschäftsordnung" unbedingt daran halten. Sich nicht entsprechend zu kleiden, zeugt von Respektlosigkeit gegenüber den Gastgebenden. Das gilt übrigens auch, wenn der Gast overdressed erscheint und lieber ein elegantes Outfit wählt, obwohl um legere Kleidung gebeten wurde. Falls der Dresscode für Gäste nicht klar sein, empfiehlt es sich beim Gastgeber nachzufragen.

Klassische Bekleidungsvermerke sind zum Beispiel:
- Dunkler Anzug: Der dunkle Anzug ist ein Allroundoutfit für beinahe alle festlichen Anlässe des Tages und des Abends. Er kann immer getragen werden, wenn die Einladung nichts anderes vorschreibt. Der dunkle Anzug besteht laut Bernhard Roetzel aus einem Ein- oder Zweireiher – oder einem Anzug mit Weste – in dunklen Grau- oder Blautönen (nicht Schwarz!), weißem Hemd (am Tage auch in Hellblau oder Rosa), einer dezent gemusterten Krawatte und schwarzen Schuhen.
- Smoking/Black tie/Cravate noire
- Frack/White tie/Cravate blanche.
- Englisch- und französischsprachige Empfehlungen sind dann angebracht, wenn vorwiegend internationale Gäste anwesend sind, zum Beispiel „Tenu de ville" = „Straßenanzug" oder „Come asyouare" = „nach Arbeitsschluss".

Ungeschriebene Gesetze

Männer schließen beim Aufstehen beziehungsweise wenn sie vor einer Gruppe stehen einen Knopf ihres Sakkos (beim 2-Knopf-Sakko den oberen Knopf; beim 3-Knopf-Sakko entweder die oberen beiden Knöpfe oder nur den mittleren Knopf). Die Farbe des Gürtels muss abgestimmt auf die Farbe der Schuhe sein. Wenn eine Uhr mit Lederband getragen wird, dann sollte auch hier die Lederfarbe an die Lederfarbe der Schuhe angepasst werden. Die Socken sollten uni, dunkel und lang sein und von bester Qualität. Jegliche Aufdrucke sind zu vermeiden. In der Farbe sind sie entweder abgestimmt auf die Farbe der Hose oder der Schuhe. Wichtig ist, dass schon drei Zentimeter von einer sichtbaren weißen beharrten Wade eine Ablenkung bedeutet.

Businessfarben

Für den Mann gelten in konservativen Branchen wie Banken, Versicherungen, Industrie, Beratung und Politik die Farben dunkelblau, von dunkelgrau über mittelgrau bis hellgrau als angemessen. Weitere Farben, wie braun, grün oder beige, sind abhängig von der Branche, in der Sie tätig sind. Die Wirkung ist in jedem Fall eine andere.

Die Farbe Schwarz gilt für den Mann als Anlassfarbe. Nur der Frack, der Smoking und der offizielle Anzug zur Hochzeit oder Beerdigung sind schwarz. Viele junge Männer tragen jedoch heute schon im Tagesgeschäft einen schwarzen Anzug, da er modischer wirkt als ein dunkelblauer oder grauer Anzug. Sie sollten jedoch bedenken, dass der schwarze Anzug sie sehr mächtig und eventuell auch distanziert erscheinen lässt. Eine Alternative kann der Anzug mit Nadelstreifen sein, er kann als Grundfarbe schwarz haben. Außerdem muss Mann bedenken, womit der schwarze Anzug abends noch getoppt werden kann.

Frauen können im Geschäftsleben die Farbe Schwarz tragen, da sie normalerweise kleiner sind, erscheinen sie im schwarzen Hosenanzug oder Kostüm nicht zu mächtig beziehungsweise distanziert. Frauen tragen im Geschäftsleben und bei offiziellen Terminen immer Strümpfe und geschlossene Schuhe. Oberarme und Schultern sind stets bedeckt. Lange Haare sollten zusammengebunden oder aufgesteckt werden. Das eigene Outfit muss immer dem Dresscode des Unternehmens sowie dem Anlass angepasst werden. Im Idealfall verfügt das Unternehmen über einen schriftlich fixierten Dresscode, der neuen Mitarbeitern schon beim Einstellungsgespräch mitgeteilt wird.

Bei der Kleidung gibt es im Geschäftsleben keine festen Regeln. Je nach Branche und Position verändert sich der Dresscode. Grundsätzlich gelten aber für Businesskleidung folgende Empfehlungen:
- Gepflegt - Attraktivität als Erfolgsfaktor
- Angemessen – nach Branche, Position und Termin

- Klarheit - perfekter Schnitt, edles Material, gezielt platzierter Schmuck
- Wertigkeit - wertvolle Kleidung unterstreicht wertvolle Worte und wertvolle Worte stehen für fachliche Kompetenz und Qualität
- Sicherheit – sicher und souverän fühlen in der Kleidung
- Modern – am Zeitgeist orientieren, jedoch dem persönlichen Stil treu bleiben

Es geht im Business, aber auch im gesellschaftlichen Leben immer um die Botschaften, die Sie mit Ihrem Auftreten und Erscheinungsbild nach außen senden. Planen Sie mal wieder ein Date mit Ihrem Kleiderschrank ein und überprüfen Sie, was an Kleidern, Hosen, Jacken, Blusen, Schuhen, Taschen noch SIE sind. Welche Kombinationen sind möglich, mit dem, was in Ihrem Schrank vorhanden ist? Was passt Ihnen zwar noch, aber Sie sind es nicht mehr? Wie möchten Sie wirken? Wie möchten Sie wahrgenommen werden? Wie bringen Sie Ihren Körper damit am besten zur Geltung? Diese Fragen stellen Sie sich am besten, wenn Sie sich mit Ihren gesellschaftlichen, persönlichen und beruflichen Verpflichtungen und Ihrem Kleiderschrank beschäftigen.

Status und Ansehen

Im Geschäftsleben werden Hierarchien abgeflacht und die Auswirkungen sind sichtbar: Mitarbeiter duzen ihre Vorgesetzten, man trägt dieselbe Markenkleidung, hat die gleichen Urlaubsorte, die Kinder gehen zusammen zur Schule und sind auch auf sozialen Netzwerken wie Facebook & Co befreundet. Die relative Angleichung der Lebensstile hat nicht nur zu einer Auflösung der sozialen Unterschiede geführt, sondern dazu, dass Statussymbole heute wieder stärker betont und nachgefragt werden. Einen bestimmten Status zu erlangen und ihn auch halten zu können, wird schwieriger und der Mensch ist bereit, hart dafür zu arbeiten. Denn Reichtum und hoher Status werden in unserer Gesellschaft mit Charakterstärke gleichgesetzt – tiefer Status hingegen mit Schwäche und versagen.

Da es den Menschen in erster Linie um die Anerkennung der Mitmenschen geht, gibt es eine Reihe wichtigster Statussymbole, die nach wie vor für das nötige Ansehen in der Gesellschaft sorgen. Dazu gehören:

- Gesundheit – von der gesunden Ernährung bis zum regelmäßigen Wellnessurlaub und dazwischen dann noch die Fastenwoche. Heute nennt man es Detox-Kur.
- Familie – hat nicht nur in anderen Kulturen einen hohen Stellenwert, auch in der Alpen-Adria-Region stellt es einen hohen Wert dar.

- Freunde – virtuelle, denn der Internetauftritt gehört heute auch dazu! Doch erfreulicherweise zählen nicht nur virtuelle Freunde.
- Urlaubsziele – wer verbringt wo seinen Urlaub?
- Sportarten – was ist gerade „in" und wo trifft man sich?
- Einkaufsverhalten – heute kauft man wieder am regionalen Markt/Geschäft und nicht nur im Supermarkt.
- Handy, Tablet & Co
- Schmuck, Uhren, Brillen, Schuhe, Taschen, Markenkleidung und bis zur Generation X auch noch das Auto. Die Generation Y bevorzugt die „Sharing Economy".

Welche Symbole verwenden Sie, um Ihren Erfolg sichtbar zu machen?

Businesslook in Slowenien

Modische Kleidung und Markenartikel haben in Slowenien einen hohen Stellenwert, vor allem in Ljubljana. Es wird sehr viel Schwarz getragen – auch bei Männern im Business. Selbst Hemd und Sakko in Schwarz sind keine Seltenheit. Zu offiziellen Anlässen wird formelle Kleidung getragen. In der Mode ist der Einfluss Italiens unübersehbar. Trachtenbekleidung ist im Business, im Alltag und in den Städten von Slowenien nicht sichtbar. Wenn jemand im Trachtenanzug durch Ljubljana spaziert, dann muss das wohl ein Österreicher sein.

Businesslook in Südtirol

Nicht nur die Küche, sondern auch die Mode ist in Südtirol eine Mischung aus zwei Kulturen. Auf der einen Seite wird die traditionelle Tracht der Täler getragen und auf der anderen Seite ist es die stilsichere Wahl der Italiener in Sachen Mode. Die Südtiroler sind im Business weniger formell gekleidet als die Österreicher, aber dafür stilvoller, modischer und immer am Zeitgeist.

Alltag und Freizeit

Schnell mal ans Meer Radeln, zum Gipfel pilgern oder die Sonne am See genießen. Gerade der Alpen-Adria-Raum bietet unendlich viele Möglichkeiten für Ausflüge und Kurztrips. Wer auf Reisen geht, sollte immer die Umgangsformen des jeweiligen Landes respektieren, und auch wenn die Entfernungen kurz sind, sollte man sich bewusst sein, dass man sich in einem anderen Land befindet. Dazu gehört zum Beispiel eine angemessene Kleidung. Bei der Wahl der passenden Garderobe spielt nicht nur das Klima eine Rolle. Auch die Erwartungen der Gastgeber oder das vorgesehene Programm sind zu berücksichtigen. Um keine unangenehmen Überraschungen zu erleben, erkundigen Sie sich schon im Vorfeld, was Sie erwarten wird. Das gilt für den Trip mit Freunden genauso wie für den Betriebsausflug oder die Kulturfahrt mit dem Bus.

Unterwegs mit dem Bus

Warten Sie, bis der Bus hält und die Türen öffnet, erst dann sollten Sie sich ihm annähern. Lassen Sie zuerst andere Fahrgäste aussteigen, bevor Sie einsteigen. Nutzen Sie die Sicherheitsgurte, falls vorhanden. Falls Sie eine ältere Person, eine schwangere Frau oder jemanden mit Gehbehinderungen oder anderen Beeinträchtigungen sehen, bieten Sie ihnen Ihren Sitzplatz an. Stellen Sie Ihre Taschen nicht auf den Sitz, nützen Sie die Gepäckträger wenn möglich. Falls Sie stehen, stellen Sie Ihre Taschen auf den Boden zwischen Ihre Füße. Blo-

ckieren Sie nicht die Türen und ermöglichen Sie anderen Fahrgästen problemlos aus- und einzusteigen.
Busreisen haben ihr altmodisches Image verloren und sind auch dank der „shared economy" voll im Trend. Nun gilt es, das Verhalten auch dem neuen Image anzupassen. Bei Beginn einer Busreise informieren Busfahrer und Reiseleiter über die Gepflogenheiten im Bus: Musik, Heizung, Klimaanlage, Getränkeangebot, Gepäckablage über den Sitzen oder Toilettenbesuch. Ob Gruppen- oder Individualreise, man hält sich an zeitgemäße Umgangsformen. Weder der Busfahrer noch Mitreisende werden automatisch geduzt. Wenn eine fremde Person neben Ihnen Platz nehmen möchte, räumen Sie ungefragt den Platz frei von Gepäck, Büchern, Smartphone und Kabel. Wenn Sie mehr Zeit miteinander im Bus verbringen werden und zwangsläufig Nähe aufbauen, kann es passend sein, sich vorzustellen und einen kurzen Small Talk zu führen. Wenn Sie spüren, dass weder Sie noch Ihr Sitznachbar Interesse an einem weiteren Gespräch zeigt, dann können Sie den Small Talk beenden und sich Ihrem Buch widmen oder auch schlafen.

Bei organisierten Gruppenreisen verbringt man schon mal mehr Zeit im Bus und Fahrgäste möchten dem Busfahrer am Ende der Reise ein Trinkgeld für Service und Dienstleistung geben. Häufig ist es eine Person aus dem Organisationsteam, die mit dem symbolischen „Hut" einen Beitrag pro Person einsammelt. Legt man bewusst einen Geldschein in den „Hut" oder in ein Kuvert machen die meisten Teilnehmer das auch.

Die Sitzordnung bei organisierten Reisen entspricht häufig der Hierarchie der Gruppe. So sitzen Führungskräfte und Organisatoren gerne in den ersten Reihen. Oftmals gemeinsam mit dem Reiseleiter, auch um Organisatorisches abzusprechen oder Infos über das Mikrofon an die Gäste weiterzuleiten.

Einen Platz für eine Person zu besetzen oder zu reservieren ist bei einer organisierten Gruppenreise nicht ungewöhnlich. Bei einer Busreise für Individualgäste kann das irritierend sein und den Unmut anderer Fahrgäste hervorrufen. Es gilt auch heute noch als respektlos und unhöflich, zu tratschen während der Reiseleiter spricht.

Unterwegs mit dem Zug

Wenn Sie das Zugabteil betreten oder verlassen, grüßen Sie die anwesenden Personen. Wenn Sie telefonieren müssen, sollten Sie das im Gang tun, um die Mitreisenden nicht zu stören. Der Klingelton sollte auf lautlos gestellt sein. Es ist durchaus noch zeitgemäß, (älteren) Personen bei schwerem Gepäck behilflich zu sein.

Unterwegs mit dem Rad

Ob schnell in die Arbeit oder am Wochenende eine Radtour mit der Familie, immer mehr Menschen sind im Alpen-Adria-Raum mit dem Rad unterwegs. Aber gerade in der Gruppe muss besonders Rücksicht auf andere Personen genommen werden. So sollten vor der Abfahrt klare Zeichen für Hindernisse und generelle „Spielregeln" vereinbart werden, damit der Hintermann rechtzeitig gewarnt werden kann. Zum Beispiel: Plötzliche Lenk- und Bremsmanöver vermeiden und ausreichend Abstand halten. Wenn nebeneinander, dann in der Zweierreihe. Ansonsten hintereinander fahren.

Beim Umstieg in den Zug, lassen Sie zuerst alle Mitreisenden aussteigen und befestigen Sie das Rad korrekt. In Österreich gilt eine Helmpflicht für Kinder und Jugendliche unter zwölf Jahren. Erwachsene dürfen auch ohne Helm fahren. In Italien gibt es überhaupt keine Helmpflicht, in Slowenien müssen Kinder und Jugendliche unter 15 Jahre einen Helm tragen. Unterschiede gibt es auch bei der Promillegrenze, daher vorher informieren!

Gerade für Freizeitradler sind die Radwege in den vergangenen Jahren immer mehr ausgebaut worden. Während es in Südtirol auf dem Drauradweg im Sommer öfters mal eng wird, ist es auf anderen Etappen noch beschaulich ruhig. Dank dem E-Bike ist auch eine Alpenüberquerung gar nicht mehr so abwegig. So führt der Fernradweg München-Venezia über den Dolomiten-Radweg von Toblach bis ans Meer oder der Ciclovia-Alpe-Adria von Kärnten bis nach Grado. Für einen Tagesausflug empfiehlt sich die Drei-Ländertour von Villach nach Kranjska Gora bis nach Tarivs und retour nach Kärnten. Weitere Informationen und Inspirationen rund um Radreisen im Alpen-Adria-Raum finden Sie online auf www.alps2adria.info.

Unterwegs im Auto

Fahrgemeinschaft ins Theater, Kunden vom Flughafen abholen oder mal den Chef ans andere Ende der Stadt bringen, immer wieder gilt es, Gäste im Auto mitzunehmen. Wer in offizieller Mission unterwegs ist, wird bei der Platzierung der Fahrgäste im Auto die Hierarchie beachten. Wenn der Gastgeber fährt, sitzt die wichtigste Person am Beifahrersitz. Die zweite Person sitzt hinten rechts, die dritte Person hinten links.

Beim Taxi gilt: Die wichtigste Person sitzt hinten rechts, die zweite Person hinten links und die dritte Person vorne. Die Bezahlung im Taxi übernimmt die Person, die neben dem Fahrer sitzt. Es gilt nach wie vor als höflich und aufmerksam, einer Frau die Autotür von außen aufzuhalten. Ungewöhnlich aufmerksam ist es, dann auch noch zu warten, bis sie Platz genommen hat und dann die Autotür zu schließen. Auch wenn es heute aufgrund der Technik nicht mehr nötig ist und Frauen es nicht mehr erwarten. Während der Fahrt mit einem Kunden oder Gast sollte das Telefonieren ohne Freisprechanlage kein Thema sein. Wenn das Handy klingelt, sollte der Fahrer, der das Gespräch annimmt, sofort dem Anrufer mitteilen, dass noch ein Gast im Auto ist, zum Beispiel mit einem „Ich bin gerade mit einem Kunden unterwegs und rufe Sie zurück" antworten.

So zeigen Sie Stil beim Autofahren:
- Auto aufräumen, für angenehmen Geruch und Temperatur sorgen.
- Nicht den Fahrstil des Fahrers kritisieren oder über andere Verkehrsteilnehmer schimpfen.
- Nicht unbedingt den persönlichen Musikgeschmack durchsetzen, lieber die Musik mit den Fahrgästen abstimmen.
- Ohne Freisprechanlage zu telefonieren und den Anrufer nicht auf den Mithörer aufmerksam machen.
- Bei längeren Fahrten den wichtigsten Mitfahrer neben sich setzen, damit Sie sich nicht über den Rückspiegel mit ihm unterhalten müssen.
- Der Gentleman am Steuer fällt positiv auf, wenn er die Frau bis vor die Haus- oder Bürotür fährt, eventuell begleitet und ihr den Weg zeigt – das gilt auch für nicht ortskundige Kunden und Gäste.

Im Fahrstuhl

Gäste, Frauen, ältere Menschen und kleine Kinder haben beim Einsteigen in den Fahrstuhl immer Vortritt. Im Berufsleben zählen dazu auch Besucher, Kunden und Vorgesetzte. Betreten Sie den Fahrstuhl, grüßen Sie freundlich. Statt peinlich auf den Boden zu starren, blicken Sie lieber selbstbewusst zur Tür. Höflich ist es, die anderen Personen zu fragen, in welche Etage sie möchten und für sie den entsprechenden Knopf zu drücken. Vor allem, wenn diese die Hände nicht freihaben, weil sie einen Koffer tragen. Bei Gedränge gilt – wer vorne steht, steigt als Erstes aus. Aber nicht kommentarlos von hinten nach vorne drängeln. Rechtzeitig die Mitfahrer mit einem „Lassen Sie mich bitte durch?" warnen, damit diese Platz machen können. Ist die Fahrerkabine bereits sehr voll, lieber freundlich nicken und auf die nächste Fahrt warten.

Unterwegs mit dem Flugzeug

Auch hier werden Personen, die mit in einer Reihe sitzen, gegrüßt. Die Rückenlehne wird langsam und vorsichtig verstellt. Beim Aufstehen ziehen Sie nicht an der vorderen Sitzlehne, um den sitzenden Fluggast nicht zu stören. Passagiere mit Fenster- oder Gangplatz sollten der Person, die den mittleren Platz einnehmen muss, ihre rechte oder linke Armlehne überlassen, sodass ihr beide Armlehnen zur Verfügung stehen. Das Klatschen bei der Landung ist nicht mehr üblich, stört das Flugpersonal aber nicht. Nach der Landung verabschieden Sie sich von den Sitznachbarn und beim Ausstieg auch von den Flugbegleitern.

Das Gepäck

Grundsätzlich gilt: egal wo, das Gepäck sollte, nicht achtlos und unbeaufsichtigt im Weg stehen. Kopien von wichtigen Reiseunterlagen, Tickets, Visum, Personalausweis, Versicherungs- und Kreditkarten, Adressen und Telefonnummern von Hotel und Ansprechpartnern sollten getrennt von den Originalen im Handgepäck verstaut werden.

Trinkgeld auf Reisen

Die Höhe des Trinkgelds ist von Land zu Land verschieden, auch die Art wie man es gibt. Wenn Sie Kleingeld eingesteckt haben, gibt es immer eine Möglichkeit eine angenehme Dienstleistung zu belohnen. Im Hotel gibt man das Trinkgeld entweder direkt dem Mitarbeiter oder sie hinterlegen es an der Rezeption. Trinkgeld zeigt dem Mitarbeiter, dass der Gast den Service zu schätzen weiß.

In der Therme und im Spa

An einem grauen kalten Tag in einer wohlig warmen Wellness-Oase abtauchen und für ein paar Stunden den Alltag außen vor zu lassen – das ist einfach herrlich entspannend. In Kärnten, Slowenien und Südtirol gibt es dazu einige Thermalorte mit langer Tradition und moderne Wellness-Welten in schicken Hotels. Doch so ein Spa-Besuch wirft auch viele Fragen auf: Was zieht man an? Wie verhalte ich mich bei einer Massage? Und was ist in der Sauna erlaubt? Mit folgenden Tipps steht aber dem entspannten Vergnügen kein Fettnäpfchen mehr im Wege:

Im richtigen Outfit erscheinen: Grundsätzlich gilt – tragen Sie bequeme Kleidung, die auch zum Stil des Hotels, der Therme oder dem Spa passt. Sie können im Bademantel in den Spa-Bereich kommen oder sich im Spa umziehen. Unter dem Bademantel tragen Frauen BH und Slip, Männer ebenfalls einen Slip oder auch Badebekleidung. Je nach Behandlung wird auch gerne Einweg-Unterwäsche zur Verfügung gestellt und diesen Slip sollten Sie bei Behandlungen tragen. Während der Behandlung werden die Teile des Körpers, die gerade nicht bearbeitet werden, mit einem Handtuch oder Laken abgedeckt. Das gewährleistet die Privatsphäre und der Körper verliert nicht zu schnell an Wärme. Wer sich im Fitness-Bereich trimmen möchte, erscheint in angemessener Trainingsbekleidung, T-Shirt, Shorts und Turnschuhen.

Wellness-Behandlungen: Erscheinen Sie 15 Minuten vor einer Anwendung im Spa-Bereich. Bevor Sie sich in die Hände eines Therapeuten begeben, duschen Sie bitte. Sie dürfen vor einer Massage auch in die Sauna, das wärmt die Muskeln auf. Vermeiden Sie nach der Behandlung körperliche Aktivitäten.

Essen und Trinken: Der Spa ist keine Picknickzone. Schoko & Co. bleiben zu Hause, für den kleinen Hunger zwischendurch stellt das Spa-Personal gerne Knabbereien oder Obst zur Verfügung. Für den großen Hunger geht es ab in den Gastronomiebereich. In der Therme und in manchen Wellness-Hotels können die Gäste auch im Bademantel zum Mittagssnack oder zur Nachmittagsjause erscheinen. Wenn das nicht erwünscht ist, dann wählen Sie eine passende Freizeitkleidung.

Im Sauna-Bereich sollten folgende Kleidungsstücke getragen werden: Bademantel, Badebekleidung und Badeschuhe. Die Saunen selbst gelten als Nacktbereich. Legen oder setzen Sie sich in der Sauna immer auf ein Handtuch. Wenn es im Schwitzkasten bereits voll ist, nach einem freien Platz fragen und sich im Zweifelsfall lieber zum eigenen Geschlecht setzen. Praktisch ist ein zusätzliches Handtuch zum Schweiß abwischen. In der Sauna wird wenig bis gar nicht gesprochen. Aufgrund internationaler Gäste darf in der Bio-Sauna (ca. 40-60 Grad) oder im Dampfbad auch die Badebekleidung angelassen werden, vor allem die italienischen Besucher legen darauf großen Wert.

Make-up: In der Sauna oder im Dampfbad ist Make-up fehl am Platz. Gehen Sie unparfümiert ins Spa, damit Ihr Parfüm nicht die Aromatherapie überlagert.

Lassen Sie Ihr Handy im Zimmer oder im Schließfach in der Garderobe, damit Sie Ihren Aufenthalt im Spa genießen können. Wenn Sie es mitnehmen, sollten Sie es auf lautlos stellen.

Mann oder Frau? Geben Sie bei der Terminvereinbarung an (sofern Sie nicht ohnehin danach gefragt werden), ob Sie lieber von einer Frau oder einem Mann behandelt werden möchten.

Trinkgeld: Bei den meisten Wellness-Behandlungen ist das Trinkgeld nicht im Preis inbegriffen. Wenn Sie zufrieden waren, schlagen Sie fünf bis zehn Prozent auf die Rechnung auf oder hinterlassen Sie ein Trinkgeld an der Rezeption. Das Trinkgeld direkt zu überreichen ist eher unüblich.

Am Strand

Jedes Land hat für öffentliche Strände, ob am Meer oder beim See, eigene Spielregeln. Nicht überall wird oben ohne oder FKK gern gesehen. Daher vorab über die Gepflogenheit vor Ort informieren. Auch ob Hunde erlaubt sind. Beim Besuch der Strandbar lieber etwas drüber ziehen. Und wenn ausreichend Platz vorhanden ist, dem Strandnachbar nicht zu sehr auf die Pelle rücken. Die meisten Sonnenbader schätzen einen Abstand von ein bis drei Metern. So wiegt sich der Nachbar in Sicherheit, selbst wenn das Strandtuch beim Zusammenpacken ausgeschüttelt wird. Lassen Sie keinen Müll zurück!

Am Berg

Ja, es gibt auch für Gipfelstürmer Knigge-Empfehlungen. Auf dem Berg werden entgegenkommende Wanderer mit einem freundlichen Hallo, Grüß-Gott oder Servus in den Nachbarländern mit Hallo oder Dober dan oder Buon giorno gegrüßt. In vielen Bergregionen ist das Wander-Du gebräuchlich. Im Gailtal und Lesachtal ist man im Zweifelsfall immer erst per Du, dann per Sie.

In einer Gruppe sollte beim Wandern oder Skitourengehen immer auf die schwächeren Teilnehmer Rücksicht genommen werden. Schließlich geht es nicht um neue Rekorde, sondern um ein gutes Miteinander. Das gilt auch für Natur und Tier. Lassen Sie daher keinen Müll liegen, schrecken Sie keine Wildtiere auf und verlassen Sie nicht die Wege.

Wer auf einer Hütte übernachten will, sollte vorher reservieren, da der Platz oft minimiert ist. Die Bergschuhe werden vor dem Lager ausgezogen. Ein No-Go ist es, auf einer bewirteten Hütte seine eigene Jause auszupacken oder gar vom Frühstücksbuffet sein Pausenbrot für unterwegs zu streichen. Für die Nacht am Berg sind Hüttenschuhe, Ohropax, eigener Schlafsack und Stirnlampe von Vorteil.

Unbedingt Abstand zu Mutterkuhherden halten. Vor allem, wenn ein Hund dabei ist. Keine Mitbringsel in Form von geschützten Pflanzen oder Steinen einsammeln – lieber nur fotografieren!

Bei Begegnungen mit Radfahrern hat immer der Fußgänger Vorrang – außer bei einer extra ausgewiesenen Downhillstrecke.

Après-Ski erst im Tal: Gerade die letzte Abfahrt kann unter Einfluss von Alkohol gefährlich werden. Daher erst feiern, wenn die Ski abgeschnallt sind. Und überschätzen Sie sich nicht.

Pilgern über Grenzen hinweg

Beim Pilgern gilt es, Ruhe zu bewahren. Sprechen Sie nicht dauernd, sondern schätzen Sie die Zeiten der Stille. Beim gemeinsamen Abendessen oder gemütlichen Zusammensitzen im Lager bleibt genügend Zeit zum Austauschen von Lebenserfahrungen. Allerdings sind die Pilgerwege in Kärnten und Slowenien noch immer echte Geheimtipps und bei Weitem nicht so überlaufen wie der berühmte Jakobsweg in Spanien.

Besonders gehenswert ist zum Beispiel der Benediktweg, der über Kärnten bis in den weiß glänzenden Dom von Gornji Grad in Slowenien führt. Auch der Hemmapilgerweg führt über die Landesgrenzen nach Slowenien. Der slowenische Jakobsweg verläuft ebenfalls über eine Grenze und endet auf dem Gipfel vom italienischen Monte Lussari. Weitere Infos und Inspirationen zum Pilgern im Alpen-Adria-Raum finden Sie online auf www.pilgerwege-kaernten.at.

In der Kirche

Im Alpen-Adria Raum verliert die Religion zunehmend an Einfluss. Das ist zum Beispiel ganz stark in Österreich, Slowenien und Südtirol zu bemerken. Hier ist der Glaube reine Privatsache. In Italien hingegen ist die katholische Kirche ein Grundpfeiler der Identität. Die Kirche besitzt eine Bedeutung, die sie in anderen europäischen Ländern schon lange verloren hat. Allerdings ist in den Großstädten ein rückläufiger Trend zu beobachten. Dennoch sind religiöse Orte wie Kirchen besondere Plätze, in denen bestimmte Regeln und Traditionen gelten – selbst für jene, die nicht gläubig sind. Als unhöflich gilt es, eine Kirche während eines Gottesdienstes zu besichtigen. Zum Altarraum, der das Allerheiligste, den Leib Christi in Form einer Hostie enthält, sollte beim Besuch aus Respekt eine gewisse Distanz bewahrt werden. Während der Messe oder beim Beten wird heute niemand mehr gezwungen, die Hände zu falten. Sie können sie genauso gut ineinander legen oder auch vor das Gesicht halten. Wer das Vaterunser nicht mit sprechen möchte, verhält sich einfach ruhig. Lärm oder klatschen in der Kirche ist unüblich. Außer es gilt dem Chor oder einem gelungenen Konzert. Dann ist Klatschen Ausdruck der Freude und Wertschätzung. Grundsätzlich sollten Kirchen oder religiöse Orte nicht mit Miniröcken, unbedeckten Schultern oder kurzen Hosen betreten werden. Kopfbekleidungen wie Hut oder Baseballcap werden in der Kirche abgenommen.

In Kärnten hat die Kirche für die Volksgruppe der Slowenen einen hohen Stellenwert. Der Sonntagsgottesdienst ist für viele ein gesellschaftliches Ereignis und gerne geht man auf Wallfahrten. Auch das sind wichtige Gelegenheiten, wo man die slowenische Sprache hört und spricht, und sich mit anderen austauscht. Gerade in den schwirigen Zeiten vom Ersten bis zum Zweiten Weltkrieg wurde im Südkärntner Raum in den Kirchen größtenteils Slowenisch gesprochen. Damals hatten Pfarrer noch großen Einfluss auf die Erziehung und damit auf die Entscheidung, welches Kind auf welche Schule gehen oder welches Kind zu Hause bleiben wird. „Bildung war ein wesentlicher Faktor, und da Bildung immer mit Sprachen verbunden ist, hat die Kirche einen wichtigen Beitrag für den Erhalt und die Pflege der slowenischen Sprache in Kärnten geleistet", bestätigt Wakounig.

Sprachen

Österreicher lernen in der Schule als Landessprache Deutsch. Je nach Region wird unterschiedlich stark im Dialekt gesprochen. Englisch ist als Zweitsprache im Geschäftsleben Standard. Im Business gibt es noch relativ wenig Menschen, die wirklich fließend Italienisch oder Slowenisch sprechen.

Die Slowenen haben im Vergleich zu den Österreichern einen viel selbstverständlicheren Zugang zu Fremdsprachen. Slowenisch wird von ungefähr zwei Millionen Menschen auf der Welt gesprochen, daher war es für die Bewohner schon immer klar, dass sie andere Sprachen sprechen müssen, um sich gut zu verständigen. Perfektes Englisch, Italienisch, Deutsch und weitere slawischen Sprachen sind im Geschäftsalltag oft zu finden.

Primož Trubar, lutherischer Kirchenreformator (1508-1586) gilt wegen seiner Übersetzung der Bibel ins Slowenische als Begründer der slowenischen Schriftsprache und Literatur. Auf der Ein-Euro-Münze wird sein Werk gewürdigt. Ihm zu Ehren gibt es auch den Reformationstag am 31. Oktober. Es ist ein slowenischer Staatsfeiertag. Das zeigt von der Bedeutung, die die Sprache für die Slowenen hat.

Trotz der Sprachoffenheit nehmen die Slowenen aber ihre eigene Sprache sehr ernst. Besonders Anglizismen und Germanismen wird der Kampf angesagt. In einem eigenen Sprachgesetz ist sogar festgelegt, dass in Medien Überschriften komplett in einer anderen Sprache nicht erlaubt sind. Ein Umstand, der nicht nur einem slowenischen Chefredakteur, sondern auch schon so manchem ausländischen Unternehmer, eine satte Geldstrafe eingebracht hat. Gängige Begriffe wie Manager, Computer oder Webpage werden ins Slowenische übertragen, Fremdwörter werden - wo es nur geht - gemieden.

Aber Slowenisch ist nicht gleich Slowenisch. Ein Slowene in Ljubljana erkennt einen Kärntner Slowenen sofort an seiner Aussprache, wie etwa ein Wiener einen Kärntner erkennt. Und die meisten Kärntner Slowenen sprechen auch das „R" anders aus, nämlich guttural und nicht rollend. Das wird dann als „Kärntner R" bezeichnet.

Ein anderes Phänomen ist windisch, es wird in Kärnten gesprochen. Die Slowenen wurden von Deutschsprachigen früher Wenden oder Winden genannt, ihre Sprache also Windisch. Es ist nichts anderes als die slowenische Sprache, die im gemischtsprachigen Gebiet auch viele deutsche und auch italienische Lehnwörter hat, zum Beispiel letra - die Leiter oder oštarija vom italienischen Wort osteria - Gasthaus. Auch die deutsche Kärntner Mundart hat viele slowenische Lehnwörter (zum Beispiel Tscherfl - čevelj). Und übrigens: Karjola (italienisch cariolla, deutsch Schubkarre) verstehen deutsch- und slowenischsprachige Kärntner gleichermaßen. Gerade das gibt Kärnten sein gewisses Etwas. Windisch ist daher spezielle Form eines slowenischen Dialektes. Ähnlich wie in Südtirol. Dort werden in den Seitentälern auch noch Dialekte gesprochen, die sonst nicht so geläufig sind.

Die slowenische Sprache wird in sechs Ländern gesprochen: Österreich, Slowenien, Kroatien, Ungarn, Italien und Bosnien. Sechs Länder, sechs Nationen und in all diesen Ländern lebt die Volksgruppe auch als stiller Botschafter für ein Land. Ähnlich geht es den Südtirolern. Sie sind für Österreich ein verbindendes Element für den Zugang zu Italien. Als deutsche Volksgruppe in Italien sind sie mit den Problematiken und Besonderheiten des Grenzraumes sowie der sprachlichen Vielfalt vertraut.

Im Business erwarten Italiener, dass ihre Geschäftspartner Italienisch sprechen. Die Südtiroler sind hingegen aufgeschlossener gegenüber Sprachen. Schließlich gehören auch drei offizielle Landessprachen zu ihrer Geschichte. Deshalb ist es im Tourismus und im Geschäftsleben fast eine Selbstverständlichkeit, dass Südtiroler auch Englisch und Deutsch sprechen.

Die Beschriftung der Straßenschilder ist in Südtirol eigen – auf manchen steht Merano/Meran und auf anderen hingegen wieder Meran/Merano. Hier die Erklärung dazu: Auf den Autobahnen, die in die Zuständigkeit des Staats fallen, steht die italienische Bezeichnung an erster Stelle. Auf den Überlandstraßen wird hingegen der deutsche Ortsname zuerst angeführt, weil diese Straßen vom Land Südtirol verwaltet werden, das knapp 70 Prozent deutschsprachige Einwohner hat. Auf Ortsebene bestimmt die stärkere Sprachgruppe der jeweiligen Gemeinde die Reihenfolge. Daher steht im ladinischsprachigen St. Ulrich in Gröden an erster Stelle Urtijei.

Südtiroler lieben auch Italianismen wie zum Beispiel „Fregieren". Es kommt von fregare und bedeutet, jemanden reinzulegen. Wenn jemand „stuff" ist, dann hat er etwas satt. Die Italiener sagen „essere stuffo". Das Autokennzeichen heißt die „Targa". Den Rohrbruch behebt der „Hydrauliker", vom italienischen idraulico. „Dai" wird auch gerne verwendet, was so viel bedeutet wie „was Du nicht sagst, stell Dich nicht so an". Der Ausdruck „fare una bella figura" bedeutet, stets Haltung zu bewahren, auch, wenn einem das Leben übel mitgespielt hat. Für Nicht-Südtiroler hat diese Mischung natürlich sehr viel Charme und manchmal muss man erst die nötige sprachliche Verbindung herstellen.

Frauen und Familie

Leider sind in Österreich Frauen in hohen Führungspositionen oder im technischen Bereich nicht selbstverständlich. Das kommt daher, dass österreichische Frauen lange ausschließlich für Haushalt und Kindererziehung zuständig waren, ohne ihren Beruf nach der Hochzeit weiter auszuüben. Männer galten in der Gesellschaft als die Ernährer der Familie. Daraus resultiert, dass eine gut organisierte Kinderbetreuung in Österreich noch immer fehlt und die Gesellschaft die beruflich erfolgreiche Frau und Mutter sehr schnell als Rabenmutter bezeichnet und damit unter Druck setzt. Erst in den 1970er Jahren wurde ein Gesetz erlassen, das Frauen ermöglicht arbeiten zu gehen, ohne die Einwilligung des Ehemannes dafür zu benötigen. Bis dahin konnte ein geschlossener Vertrag – ohne Zustimmung des Mannes – mit Zustimmung des Vormundschaftsgerichts durch den Mann gekündigt werden, wenn die Tätigkeit der Frau eheliche Interessen beeinträchtigte.

Heute ist für die Mehrheit der österreichischen Frauen die Berufstätigkeit Bestandteil eines erfüllten Lebens, die finanzielle Unabhängigkeit ist ihnen sehr wichtig. Für fast drei Viertel ist es ganz normal für sich selbst zu sorgen. Viele Frauen arbeiten, weil sie Karriere machen wollen. Diese positive Einstellung zur Berufstätigkeit steht allerdings im Gegensatz zu den Möglichkeiten, die sie in der Arbeitswelt vorfinden. Zahlreiche Österreicherinnen halten die Gleichberechtigung für nicht verwirklicht. Vom Prinzip „gleicher Lohn für gleiche Arbeit" sind wir nach wie vor weit entfernt. Ein gutes Drittel der Frauen verdient weniger als männliche Kollegen mit gleichen Aufgaben.

In Slowenien ist rund die Hälfte der Frauen erwerbstätig. Das ist zum Teil historisch bedingt. Slowenien war ein Parade-Sozialstaat. Es gab ausreichend Kinderkrippen, fast jede Frau im Erwerbsalter war beschäftigt. Kindergarten, Schule, Gesundheit – für alles war gesorgt und es war gratis. Vielfach nehmen slowenische Lehrerinnen eine mütterliche Haltung ein und fühlen sich für die gesamte Erziehung der Kleinen zuständig. Was aber die Doppelbelastung für die Frauen nicht mindert. Häufig haben Frau zwei Jobs, um sich einen guten Lebensstandard zu finanzieren oder es leben aus Sparsamkeitsgründen mehrere Generationen in einem Haus. Zusätzlich zu Beruf und Familie üben viele auch politische Funktionen aus. Frauen sind vor allem in der Bildung, im Sozialwesen und im Recht sehr stark vertreten. Frauen werden Richterinnen – Männer werden Anwälte, und verdienen auch besser.

Slowenien orientiert sich modisch stark an Italien. Die Frauen legen hohen Wert auf modische Kleidung – auch in Führungspositionen. Frauen in Führungsrollen sind selbstverständlicher, wie in allen Staaten mit sozialistischem Hintergrund. Viele Verhaltensweisen werden in Slowenien lockerer gesehen als in Österreich.

In der Gesellschaft haben die slowenischen Mütter noch großen Einfluss auf ihre Söhne. Für den Beobachter ist der herzliche Umgang zwischen Mutter und Sohn in der Öffentlichkeit auch sichtbar.

In Südtirol sind über 10.200 Unternehmen in weiblicher Hand. 2018 ist ihre Anzahl laut WKÖ weiter angestiegen, doch zu Italien ist der Unterschied noch groß. Ende März 2018 waren 10.246 Frauenunternehmen bei der Handelskammer Bozen gemeldet, was 18 Prozent der Gesamtzahl der Unternehmen entspricht. Am stärksten vertreten sind weibliche Unternehmen in der Landwirtschaft (27,6 Prozent aller Frauenunternehmen), im Gastgewerbe (25,3 Prozent) und im Dienstleistungssektor (22,3 Prozent).

Umgang mit Fettnäpfchen

Manchmal lässt es sich nicht verhindern, in eine peinliche Situation zu geraten. Man hat etwas nicht gewusst, falsch gemacht oder falsch verstanden. Jetzt geht es nicht darum zu leugnen, dass etwas peinlich ist. Sondern viel mehr darum, möglichst souverän die Situation zu meistern. Ein taktvoller Mensch bereitet sich gut vor, denkt mit und ist achtsam. Dennoch wird ihn sein sorgsames Verhalten nicht vor Fehlern bewahren können. Doch sind es nicht gerade die kleinen Fehler, die eine Person menschlich und damit sympathisch machen?

Machen Sie um Fehler und Fettnäpfchen so wenig Aufhebens wie möglich. Meist bemerkt Ihr Umfeld das peinliche Missgeschick gar nicht.

Wichtig ist nur, dass Sie in solchen Situationen über drei Eigenschaften verfügen:
1. Mut – falls eine Erklärung oder Entschuldigung angebracht ist.
2. Humor – Lachen Sie mit! Wer über sich selbst lachen kann, demonstriert Stärke und Selbstvertrauen und hat die Sympathien auf seiner Seite.

3. Persönlichkeit – Geben Sie einen Fehler offen zu und übernehmen Sie Verantwortung für die Konsequenzen. Wenn Sie einen Schaden angerichtet haben, dann bieten Sie Wiedergutmachung an.

LITERATUR

Außenwirtschaft der Wirtschaftskammer Österreich (Hrsg): Dos & Don'ts auf der ganzen Welt. Verleger: Service-GmbH der WKÖ. 1. Auflage. 2017

Chvatal, Matjaz: Fragen über Slowenien. 2003, Verlag Turistika.

Diplomarbeit „Gesellschaftliche Gewandtheit als Erfolgsfaktor" von Maria Th. Radinger an der Alpen-Adria-Universität Klagenfurt, Klagenfurt 2006.

Gatterer, Claus: Schöne Welt, böse Leut. Kindheit in Südtirol. 4. Auflage 2015. Folio Verlag Wien – Bozen.

Gerbert, Frank: Wie man geht, isst, spricht. Interview mit Michael Hartmann. IN: Focus. Das moderne Nachrichtenmagazin. Nr. 2, 09.01.2006.

Gesteland, Richard R.: Global Business Behavior. Erfolgreiches Verhalten und Verhandeln im internationalen Geschäft. Orell Füssli Verlag, Zürich 1999.

Kranjc, Marco: Kulturschock Slowenien. Reise Know-How Verlag 2009

Schwarz, Franz: Kulturschock Italien. Reise Know-How Verlag 2009

Baecker, Dirk: Wozu Kultur? Kulturverlag Kadmos Berlin 2000.

Drexler Vujcic, Barbara und Puch, Johannes: Ljubljana. Die jugendliche Stadt am Fluss. Carinthia Verlag. Wien – Graz – Klagenfurt, 2010.

Radinger, Maria Th./Arneitz, Anita: Der Alpen-Adria-Knigge. Österreich, Italien, Slowenien, Kroatien. So zeigen Sie guten Stil bei Ihren Geschäftspartnern. 2. geänderte Auflage, 2011. Edition Guter Stil.

Radinger, Maria Th./Droste, Lis: Was Gäste wünschen. Das Handbuch für zeitgemäße Umgangsformen in Hotellerie und Gastronomie – respektvolle Kommunikation mit Gästen, Mitarbeitern und Kollegen. 2013. Matthaes Verlag. Stuttgart.

Radinger, Maria Th.: Etikette & Stil im Business. Was Sie für einen stilsicheren Auftritt brauchen. 2016. Edition Guter Stil.

Rausch, Mario/Wratschko, Walter (Hrsg.): Wohin geht die Reise? Quale meta di viaggio? Kam gre pot? Club-Tre-Popoli. 2016. Malandro Verlag.

Reiter, Franz Richard (Hrsg.)/Ringel, Erwin: Die österreichische Seele. Zehn Reden über Medizin, Politik, Kunst und Religion. Buchverlage Kremayr & Scheriau/Orac, Wien 2005.

Righi, Luisa/Wallisch, Stefan: Südtirol verstehen. 2. Auflage 2017. Folio Verlag, Wien – Bozen.

Roetzel, Bernhard: Mode Guide für Männer. h.f.ullmann publishing GmbH, Potsdam, 2013.

Spiess, Stefan: Authentische Körpersprache. Ihr souveräner Auftritt im Beruf – Erfolgsstrategien eines Regisseurs. Hoffmann und Campe Verlag, Hamburg 2004

Uhl, Gerhard/Uhl-Vetter, Elke: Business-Etikette in Europa. Stilsicher auftreten, Umgangsformen beherrschen. Gabler Verlag. Wiesbaden 2004

Von Knigge, Adolph Freiherr: Über den Umgang mit Menschen. Über Eigennutz und Undank. 2005. Anaconda Verlag. Köln.

Zusätzlich wurden diverse Medien- und Interquellen genutzt, unter anderem:

www.brandeins.de/corporate-publishing/suedtirol/sind-hier-immer-alle-so-entspannt

diepresse.com/home/panorama/oesterreich/1469126/Italiens-Preussen-und-Oesterreichs-Sizilien

www.tageszeitung.it/2018/07/16/frauen-auf-dem-vormarsch/

www.kath-kirche-kaernten.at/images/downloads/delovni-pripomoczek_ah-2019.pdf

www.suedtirol.info/de/das-ist-suedtirol/menschen/geschichte/sudtirol-kommt-zu-italien

www.provinz.bz.it/729212/de/broschuere.asp#accept-cookies

www.unsertirol24.com/2018/04/12/italiener-sagen-suedtiroler-sind-arrogant/

www.brandeins.de/magazine/brand-eins-wirtschaftsmagazin/2009/unternehmer/slowenisch-deutsch

derstandard.at/2000001532486/Ueber-die-besondere-slowenische-Mischung

derstandard.at/1348285944351/Was-sind-echte-Kaerntner-Slowenen
ifeelslovenia.org/en/

www.sgz.at/about/de

freiherr-knigge.de/was-sollte-ich-ueber-adolph-freiherr-knigge-wissen/

https://kaernten.orf.at/tv/stories/2800525/

Dankeschön
Hvala lepa
Grazie mille

Abschließend bedanken wir uns bei den zahlreichen Unterstützern, die dieses Buchprojekt ermöglicht haben, insbesondere beim Hermagoras-Verlag Klagenfurt/Celovec, der Wirtschaftskammer Kärnten und dem Slowenischen Wirtschaftsverband Kärnten/ Slovenska gospodarska zveza v Celovcu.

Ganz besonders auch KR Benjamin Wakounig, Präsident vom Slowenischen Wirtschaftsverband Klagenfurt/Celovec, Hermann Gummerer vom Folio-Verlag Wien-Bozen/Südtirol, Mag. Miran Breznik, Unternehmensberater im Bereich Exportbegleitung und Internationalisierung, MMag. Dr. Meinrad Höfferer, Leiter der Abteilung Außenwirtschaft und EU der Wirtschaftskammer Kärnten sowie Mag. Regina Rauch-Krainer,

MBA von TLS-Reisekultur für die interessanten Gespräche.

Ein ganz großes Dankeschön möchte Maria Th. Radinger ihren vielen Hotelkunden und deren Mitarbeiterinnen und Mitarbeitern für die Offenheit, für kulturelles Lernen und Ihr Vertrauen aussprechen!

Bei den Kolleginnen von ETI – Etikette-Trainer-International möchte Maria Th. Radinger an dieser Stelle für 15 Jahre Zusammenarbeit, Austausch, Miteinander-Lernen und Freundschaft danken. Viele ihrer Gedanken, Meinungen und Aussagen sind von der ETI-Kultur geprägt.

Weiters dankt Maria Th. Radinger allen Kolleginnen und Kollegen vom Projekt „Connect SME PLUS" vom Slovenska gospodarska zveza v Celovcu/Slowenischer Wirtschaftsverband Kärnten, allen voran Vesna Hodnik Nikolic, MBA.

BUCHTIPPS IN EIGENER SACHE

Ausgewählte Bücher von Maria Th. Radinger:

Erfolgsfaktor Zimmer & Etage – strategisches und operatives Management. Maria Th. Radinger & Stefan Nungesser. Matthaes Verlag.

Etikette & Stil im Business. Was Sie für einen stilsicheren Auftritt brauchen. Edition Guter Stil.

Was Gäste wünschen. Das Handbuch für zeitgemäße Umgangsformen in Hotellerie und Gastronomie – respektvolle Kommunikation mit Gästen, Mitarbeitern und Kollegen. Maria Th. Radinger & Lis Droste. Matthaes Verlag. Stuttgart.

Buchbestellung: www.guterstil.at/publikationen

BUCHTIPPS IN EIGENER SACHE

Ausgewählte Bücher von Anita Arneitz:

Reisehandbuch Venedig, Der ultimative Reiseführer mit über 500 Adressen und praktischer Faltkarte zum Herausnehmen für alle Traveler. National Geographic.

Weihnachtliches aus Kärnten, Wartberg Verlag.

Trick 17 – Urlaub und Reise, 222 geniale Lifehacks für unterwegs, Frechverlag.

Kärnten ganz gemütlich, Für Naschkatzen und Wasserratten, Gmeiner Verlag.